全国中等职业教育"十二五"规划教材

U0605438

职校生青春导航

主　　编　原淑慧

副 主 编　王世卫

参编人员　周士杰　郭大治　司　明

　　　　　黄　涛　刘晓腾　李福旺

南开大学出版社

天　津

图书在版编目(CIP)数据

职校生青春导航／原淑慧主编. —天津：南开大
学出版社，2016.9
ISBN 978-7-310-05226-4

Ⅰ.①职… Ⅱ.①原… Ⅲ.①中等专业学校－入学教
育 Ⅳ.①G718.3

中国版本图书馆 CIP 数据核字(2016)第 219390 号

南开大学出版社出版发行
出版人：刘立松
地址：天津市南开区卫津路 94 号　　邮政编码：300071
营销部电话：(022)23508339　23500755
营销部传真：(022)23508542　　邮购部电话：(022)23502200
*
北京楠海印刷厂印刷
全国各地新华书店经销
*
2016 年 9 月第 1 版　　2016 年 9 月第 1 次印刷
230×160 毫米　16 开本　8.875 印张　160 千字
定价：26.00 元

如遇图书印装质量问题,请与本社营销部联系调换,电话:(022)23507125

前　　言

知识经济时代的到来,科学技术的日新月异和市场经济的激烈竞争,导致知识更新的速度不断加快,不会学习的人如同生长在海边而不会游泳的人,时刻都有被知识和信息的海洋淹没的危险。

本书从《中等职业学校德育大纲》着手,始终以党的教育方针为指导思想,以重视科学性、实践性、创新性和可读性为基本出发点,拓展了中职生综合素质教育体系,进一步加强和改进了中职生思想教育的有效载体。本书编写的特点如下:

首先,内容全面、详实,全书共分为十一章:新生入学指导、爱国爱校教育、校规校纪教育、学生会与团委制度、理想与信念教育、感恩与励志教育、学习观念与方法教育、安全法制教育、心理健康教育、礼仪与素质教育、职业生涯与就业教育。内容涉及中职生学习、生活的各个方面,对各种问题都进行了详细的分析与解惑。

其次,具有鲜明的时代特点。本书根据现代社会对人才的新的要求,为中职生全面素质的提高提供了指导,强调了思想性和政治性,突出了个性和谐发展、实践与创新的内容,在选材上尽可能反映当前教育领域中最新的研究成果和成功的实践经验。

再次,针对性强,突出实践性。本书针对中职生普遍遇到的问题,深入浅出地进行阐述,用中职生可以理解和接受的方法进行理论的说服,又有具体的操作指导,更多的是切实可行的方法和技巧。

最后,利用真实的案例,加强理论的说明力。对于中职生可能出现的问题,利用现实社会中真实存在的案例进行讲解与分析,对中职生加以引导和纠正,使其能够成长为一名优秀的综合素质人才。

由于时间仓促,本书在编写上难免存在不尽如人意之处,恳请广大读者批评指正。

编者

2016 年 7 月

目　录

第一章　新生入学指导

第一节　新生报到及军训安排

一、新生报到流程

（1）被录取的新生到学校门口查询被录取的专业、班级、班级所在教室、班主任姓名及联系电话等信息。

（2）看学院校舍分布图，明确教学楼、宿舍楼、餐厅、田径场等具体位置。

（3）持录取通知书、缴费票据到学校指定位置找班主任报到。

（4）分别到后勤服务公司、服装供应商和财务科接待处领取饭卡、军训服（测量校服尺寸）、缴纳住宿费等。

（5）新生军训，要求全体新生住校，实行全封闭式训练，无特殊情况不得请假。军训期间临时住校的新生不缴纳住宿费，军训后仍需住校的新生需缴纳住宿费。

（6）办完以上手续后，再次找班主任拿住宿安排表到公寓楼，由食宿管理办公室（简称宿管办）安排住宿，办理相关手续。新生整理物品，试穿军训服。

（7）上午全体新生到各自教室集合，班主任简单介绍学校情况、军训要求，说明用餐、打开水、洗澡、财产安全、人身安全等注意事项。

（8）下午学生穿军训服到教室集合，与教官见面，开始初训。

（9）军训期间完成照相、办理校卡、教材领取等事宜。

二、新生军训注意事项

（1）做好准备工作。出门前要认真检查军训服装。

（2）装束一定要合适。腰带要适当紧一点，袜子最好穿棉制运动袜，鞋子要穿平底鞋。

（3）注意补充水分。以运动饮料和茶水、盐水最佳，不要拼命喝白开水或矿泉水。

（4）注意补充营养。多吃一些肉类、蛋类。

（5）注意防中暑。如果出现乏力、头痛、头晕、胸闷、心慌、心悸、恶心、口干、大汗不止,要及时报告教官,请求到阴凉通风处休息或到校医院就诊,谨防中暑。

(6)注意防晒。对日光过敏者可涂防晒霜。

(7)不要硬撑。军训中要讲"坚持再坚持",但如果实在坚持不下去,一定要休息,不要硬撑,防止出现意外,特别是体质较差的同学。一旦出现头晕,眼前发黑现象要及时蹲下或平躺,并报告教官,以防晕倒摔伤。

(8)按时作息。军训期间按时作息,养精蓄锐,为军训打下良好的身体基础。

(9)注意沟通。军训生活中要学会与同学沟通,有困难时虚心向同学和老师请教。

(10)身体重要器官有病者不要参加军训。心脏、肝脏、肾脏等人体重要器官有疾患者不要参加军训,但需办理免训手续。办理程序为本人书写免训申请,经校医务室医生检查后签署意见,再经学生科等有关部门批准即可。

第二节 新生在校生活指导

一、新生应带必需生活用品

(1)床上用品:被子、褥子、床单、被罩、枕头等。

(2)换洗衣物:内衣、鞋袜等。

(3)洗漱用品:毛巾、牙刷、牙缸、牙膏、脸盆、香皂等。

二、家校联系方式

1. 电话联系

(1)学生报到时学生、学生家长、班主任互留电话号码。

(2)学生家长可记下学生科、宿管办、医务室、保卫科等的电话(可询问班主任)。

2. 网络联系

(1)学院网站查询。

(2)学生家长可与班主任互留 QQ 号、微信号、邮箱等。

3. 信件联系

家长如有需要,可以与学生、班主任写信联系。

4. 学生家长到校来访

学生家长可以随时到校了解学生在校情况,与班主任交流,共同促进学生学习。

三、入校后应该办理的证件及补办办法

（1）学生入校后应该办理的证件有：学生证、校卡、医保卡。

（2）证件丢失或损坏补办办法：学生丢失证件后应首先报告给班主任，并提供相关信息和资料，由班主任填写相关手续后报给学生科，学生科负责办理并发放给班主任新的补办证件，然后由班主任发给学生本人。

四、办理校园一卡通

１．校园一卡通办理资格及用途

凡被录取备案的新生均可办理校园一卡通，此卡主要用于阅读、餐饮和洗浴。

２．校园一卡通办理办法

（1）新生报到时可在报到处的指定部门直接办理此卡。

（2）迟报到学生办卡办法：本人向班主任提交申请，申请上写明班级和姓名；班主任审查后在申请书上签字；学生本人持办卡申请到学校指定地点缴费办卡。

３．校园一卡通挂失与补办

（1）此卡不慎丢失时应及时到学校办卡处进行挂失。

（2）此卡的补办办法与新卡办理办法一致。

五、在校就医看病

（1）学校设有医务室，有专职医生、护士、药品及基础医疗设备。

（2）新生入校后，学校为学生办理"校园意外保险"，学生在校如有意外，可依据保险条款，进行赔偿。

六、新生理财及贵重物品保管方法

１．树立正确的消费观

根据自身家庭经济状况进行消费，不与人攀比，不爱慕虚荣，要勤俭节约。

２．制定科学的理财计划

（1）合理利用手中的银行卡，学会节流。定期存取款，对卡中的钱要心中有数，不能无节制地取钱花。

（2）记录每天花销。这是为了每一笔开支都有据可查，还可以审核自己的资金是否用得合理科学，让自己的财富利用得更加高效。

（3）每周制定消费计划。把自己每周的生活费分成四份：一份用作伙食费，一份用作课余活动经费，一份用作通信费，还有一份可以用作应急经费。

（4）每周核查自己当周的消费情况，找出问题和不足，合理调整消费计划和

消费行为。

3．勤工俭学

学生在校期间可利用课余时间参加校内勤工俭学，还可利用周末时间做社会兼职，也可参加学院组织的寒暑假社会实践活动，这既可以提高自己的社会实践能力和综合素质，又能增加个人收入，还可以为家庭减轻经济负担。

4．保管好自己的贵重物品

（1）树立财产安全防范意识。

（2）现金、饭卡、银行卡、手机等贵重物品要随身携带，不能随意放置在宿舍或教室，若现金过多时最好将其存入银行卡，或寄存在班主任处。

（3）不能随身携带的贵重物品要锁在自己的储物柜中。

（4）饭卡、银行卡丢失时应及时到相关部门挂失补办。

（5）低调做人，不爱慕虚荣，不随意在别人面前显露自己的钱财和贵重物品。

七、处理人际关系

维护人际关系的十大技巧：

（1）敢于开口说话。

（2）待人热情、友善，面带微笑。

（3）善于倾听，善于提问，善于引导，不随意打断别人。

（4）能够随时叫出别人的名字。

（5）建立人际关系需要"三多三不"，善于鼓励、表扬、推崇别人。其中，"三多"：多一点尊重，多一点情义，多一点理解。"三不"：不抱怨，不批评，不指责。

（6）关心别人。

（7）顾及别人的感受。

（8）学会做一个服务者。

（9）对待别人要真诚，与人交往要诚信。

（10）热情、温和、耐心、幽默。

第二章　爱国爱校教育

第一节　我爱你——祖国

《真正男子汉》传播正能量

　　由中国人民解放军八一电影制片厂和湖南卫视联合推出的大型国防教育特别节目《真正男子汉》于 2015 年 5 月 1 日在万众期待下热血首播。节目播出后，来自业界、媒体和观众的赞誉声接连不断，通过创新的题材、独特的视角、真实的拍摄、巧妙的剪辑，《真正男子汉》将中国人民解放军的力量和风采，军人的男儿本色、铁骨担当展露无遗，节目的推出不仅让更多年轻男儿燃起当兵报效祖国的男儿梦、英雄梦，更通过军队战士的榜样力量，激发了全民爱国主义的信念和热忱。

　　1. 飞扬男儿梦——"是男人就该去当兵"

　　《真正男子汉》首开先河将主题定位于国防教育和军旅题材，第一次进入威武而神秘的军营展开实地拍摄。张丰毅、郭晓东、王宝强、袁弘、杜海涛、刘昊然 6 位正能量的个性型男，以"新兵"的姿态接受亿万观众的检阅，用亲身经历体验前所未有的军旅生涯。

　　2. 彰显英雄魂——进驻英雄连队，展现热血风采

　　《真正男子汉》不仅反映出部队军魂与男人之间的情谊，更通过明星新兵的历练过程，将军人身上的英雄魂和团结、奋进、责任、担当的优良品质发扬光大。短短 90 分钟时间，观众看到了明星新兵在军营流下的艰辛汗水和感动泪水，也感受到了王班长、谢教官等军人的热血风采和军营满满的英雄正能量！

　　3. 凝聚爱国情——激发全民爱国主义信念和热情

　　湖南卫视将《真正男子汉》定位于大型国防教育特别节目，并不仅止于真实记录 6 位明星的激情澎湃的军营之旅，也是中国现代军事力量的一次全方位展现。辗转于步兵、炮兵、装甲兵、侦察兵之间，《真正男子汉》将一线作战部队的环境、武器装备、人员训练和军旅生活都真实而鲜活地展现在广大观众面前，从特别的视角展示了中国一线作战部队和广大官兵战士的风采气概。节目不仅向观众普及了国防教育和爱国教育，还对激发社会大众尤其是青少年的爱国之情、忧

国之心、报国之志有着积极意义。

一个国家要立于世界民族之林,既要有雄厚的经济实力作支撑,更要有强大的国防力量作后盾。所以,必须加强全民的国防教育,增强国防观念。《真正男子汉》的推出不仅彰显了军队的魅力、军人的意志和情怀,传播了先进军事文化和国防教育理念,更是将"拳拳赤子心,浩浩中华情"的爱国情深深地植入到节目中,让观众感受到军人们对信念忠贞而格外耀眼的人性光辉、为保家卫国而奔涌不息的生命激情,将社会主义核心价值观和爱国主义教育发扬光大,为中华民族的伟大复兴而贡献力量!

一、新时期爱国主义的基本内容

爱国主义在不同历史时期具有不同的内涵,但有共同的要求。在现阶段,爱国和爱社会主义在本质上是一致的,新时期爱国主义的主题是发展中国特色社会主义,拥护祖国统一。每个爱国者都应有民族自尊心、自信心,对中国特色社会主义事业具有高度的责任感,把热爱祖国的情感转化为维护国家尊严、展现民族风采的实际行动。祖国统一,民族团结,已成为中华各族儿女的共同愿望。广大人民群众必须永远高擎爱国主义的精神火炬,顶住霸权主义的各种压力,抵制外来腐朽思想文化的影响,反对民族分裂,维护祖国统一。

二、中职生爱国主义教育现状

1. 爱国主义教育社会氛围不浓

随着社会主义市场经济的发展,人们思想意识日益呈现出独立性、多变性、选择性、差异性特征,对爱国主义教育热情不够。国家以经济建设为中心、企业重视经济效益,学校重视升学率,爱国主义教育的氛围不浓,对于中职生来讲也就缺乏坚实的社会基础。另外,新闻媒体宣传和报道爱国主义的栏目不多,没有为爱国主义教育营造出良好的氛围,社会的关注度不够。

2. 学校、家庭教育存在不足

当前中职教育处于转型时期,中职学校的生存压力不可避免地使得学校片面追求就业率而忽视德育,尤其是爱国主义教育。有人说"中国当前家庭子女缺少的不是营养、金钱,也不是家庭的爱,而是缺少对他们进行爱国主义教育。"面对激烈的竞争,我们无时无刻都在给孩子灌输:要好好学习,长大找个好工作。却很少有家长会灌输孩子:要好好学习,长大报效祖国。

3. 多元化冲击影响着中职生主流价值观念

由于我国对传承传统文化不够重视,伴随经济全球化和信息技术的快速发展,西方腐朽文化不断冲击着我国中职生的传统价值观念。中职生正处于价值观念形成的关键时期,其辨别是非的能力相对较差,在国外多元文化的影响下,极易受到不健康的价值观、生活方式的影响,进而影响其主流价值观的形成。

三、中职生加强爱国主义教育的重要性

1.应对全球化、信息化挑战的需要

全球化、信息化进程的不断加深,给人类社会带来了深刻的影响和变化,同时也给新时期中职生爱国主义教育带来了新的压力。部分中职生受外来腐朽文化的影响和干扰,在某种程度上淡化了其民族精神和社会主义信仰。爱国主义是中华民族精神的核心,贯穿于民族精神的各个方面。团结统一、爱好和平、勤劳勇敢、自强不息的精神,无不体现着爱国主义这个主题。为了应对全球化、信息化的严峻挑战,我们应该大力弘扬爱国主义精神,积极培育广大人民特别是中职生的爱国主义情感。

2.发展中国特色社会主义事业的需要

中职生是中国特色社会主义事业的承继者和建设者,担负着实现中华民族伟大复兴的重要使命。所以,要把思想教育,尤其是爱国主义教育摆在突出位置,不断提升中职生的思想政治素质,培育其爱国主义精神,使其成为能为中国特色社会主义事业贡献力量的技能型人才。

3.提升个人价值的需要

在中国古代传统道德思想中,提倡"公忠",侧重于为民族、为国家的爱国主义思想。"公忠"不仅是一种爱国思想,也是个人的"修身之道"。古代伟大的爱国诗人屈原爱祖国、爱人民、坚持真理、宁死不屈的爱国精神和他"可与日月争光"的巍巍人格,至今仍激励着中华儿女报效祖国。能够说出"苟利国家生死以,岂因祸福避趋之""天下兴亡,匹夫有责""寄意寒星荃不察,我以我血荐轩辕"这些话的先人们用他们的语言、行动甚至生命向后人阐释了人生价值的真正意义所在,那就是只有具备高尚的爱国主义情操和行动,才能提升和实现人生价值。加强中职生的爱国主义教育,不断培育爱国主义情感,并使其内化为一种自我修养,是中职生走入社会,实现个人价值和提升个人价值的需要。

四、新时期加强中职生爱国主义教育的出路

1.爱国主义教育内容的创新

(1)加强民族文化教育。

首先,要充分挖掘中华民族传统文化的时代性特征,积极加强优秀民族文化教育,让中职生熟悉中国辉煌而悠久的历史,读史以明智、知史以爱国;其次,在进行民族文化教育的同时,要与外国优秀文化教育结合起来,正确处理民族文化

与外来文化的关系,面向世界,博采众长;最后,要立足于社会实践进行文化创新,坚持中国特色社会主义文化发展方向,反对"文化复古主义"和"全盘西化论"。

(2)加强危机意识教育。

改革开放以来,伴随着我国国力的增强,我们在中职生爱国主义教育方面更多强调取得的成绩,而对现存问题认识不足,这势必会降低教育的信赖度,而危机意识自然得不到加强。因而,应加强危机意识的培养,增强中职生使命感和责任感,并使中职生认清世情和国情,居安思危,激发其为实现中华民族伟大复兴而努力学习的动力。

(3)加强自强意识教育。

目前,我国虽在经济、文化发展等方面取得了显著成绩,但与西方发达国家相比仍有较大差距,要实现中华民族的伟大复兴,需要靠新一代青年去努力拼搏。因此,我们加强对中职生的爱国主义教育,就是要培养青年一代树立自强意识,树立永无止境的创业追求和生生不息的精神活力,并使其逐渐积淀为中华民族的内在气质,成为鞭策中职生不断开拓进取的永恒的精神力量,从而以高度的责任感和使命感为实现中华民族的伟大复兴而努力奋斗。

2.爱国主义教育方式的创新

(1)抢占网络阵地,创新爱国主义教育方式。

我们可以充分利用网络传媒的平台,加强对中职生爱国主义教育,以达到预期效果。首先,通过信息技术手段,建设具有趣味性、科学性、针对性的爱国主义教育网站;然后,积极开发研究爱国主义教育软件,把学习技能知识和加强情感教育结合起来,把爱国主义主题以鲜活生动、喜闻乐见的表现形式呈现出来。

(2)开发寓含爱国主义精神的文化娱乐作品。

文艺工作者应该坚持在主流价值观的指引下,创作出更多能够反映时代要求的作品,教育工作者应该借助多媒体手段,把反映爱国主义主题的优秀影视作品引入课堂,集思想性、科学性与娱乐性为一体,在满足中职生的审美、趣味要求的同时,逐步培养和升华他们的爱国主义素养。

(3)利用先进事迹增强爱国情怀。

模仿典型是中职生普遍存在的心理特征,用爱国的先进事迹来增强他们的爱国情感更具有说服力。我们要善于利用社会生活中体现爱国主义精神的先进事迹,如大力宣传中国航天员不计个人安危,成就航天事业伟大成果的"载人航天精神";大力弘扬北京奥运会期间运动员努力拼搏为国争光凝练出的"奥运精神";大力弘扬乐于助人、无私奉献的"志愿者精神"等。只有积极开展切实有效的教育活动,才能不断增强中职生的爱国素养和爱国情怀。

3. 发挥社会各方力量的作用加强爱国主义教育

爱国主义教育是全社会的共同责任和义务。要加强爱国主义教育,增强爱国主义情感,必须利用好社会各方力量,通力合作,密切配合,才能真正落到实处。当前,全球化、信息化飞速发展,中职生每时每刻都生活在开放的社会环境中,他们的思想意识不断发生变化,差异性个性化趋势明显,为此我们必须充分调动一切社会手段和方式,积极开展健康有益的文化活动,营造进取向上的爱国主义教育氛围。我们必须坚持在党的领导下,发挥政府的引导作用,发挥中职学校教育的主阵地作用,利用好大众传媒的媒介作用,发挥社会团体、民间组织、社区等社会组织的协助作用,共同致力于提高中职生的爱国主义情感。

五、理性爱国

(一)理性爱国的定义

理性爱国是在爱国感性的基础上衍生出来的,更加成熟的、坚定的、持久的、带反思精神的爱国情操,它不是器物爱国,口水爱国,口号爱国,情绪爱国,它强调理性地表达爱国情感,是一种对国家对民族负责的态度,这种理性不是无动于衷,麻木不仁,无所作为,是以国家民族和稳定的大局为重,反对狭隘民族主义,反对盲目排外思想,反对激进暴力行动,弘扬理性爱国,就是要让高涨的爱国热情转化为一种推动社会进步的力量,让爱国精神转化为民智、民力,为国家富强,人民幸福发挥其真正的作用,理性爱国主义理应成为我们今天团结奋斗的旗帜。

强调理性爱国,并不表示要把情感从爱国中剥离,爱国主义从来需要激情。然而,爱国的表达不是一种简单的情绪的宣泄,它更是一种道德原则和政治理性,应该以国家利益为最高目标,以具体实践为判断标准,以内部和谐为支撑,讲求团结,崇尚科学。

(二)从理性爱国来看钓鱼岛问题

大家都知道,对于钓鱼岛的示威游行活动,是正义之举。但是,当游行出现了打砸抢,这就很令人不安了。的确,一些人的极端行为,已经导致了日本人被打伤、日资店面及日产汽车被打砸的事件。最重要的是,不要将爱国游行演变成"打砸抢烧"事件。

就拿打伤日本人这事来说,日本政府一再挑衅,"购买"钓鱼岛,中国的抗议是反对日本政府的非法行径,而不是针对日本人民的。中国是法治国家,在华日本公民的人身安全应依法得到保护。一些人错误地攻击在华的日本平民,真是愚昧至极,这根本不利于钓鱼岛问题的解决,反而会制造事端和添乱,中了某些势力的奸计。

还有"抵制日货"。抵制日货,是以此举表达一种民间的意志,让日本感到震动威慑,而不是搞打砸破坏。再者说,抵制日货应该是抵制交易,而不是去打砸日货;尤其是国人同胞已经购买的日货,是合法私有财产,没有理由同胞自伤!打着"爱国""抵制日货"的旗号,将市民的日系轿车砸毁,很明显,伤害的是自己的同胞,日本人没有一点损失,不会喊疼,相反只会让我们的同胞伤心落泪。

做一个爱国者,最基本的原则是要遵守中国法律、遵守国际公法。你凭什么砸人家的商店、砸人家财产?那可是你"招商引资"招来的,请来的。做人应该讲求信义,至少要遵守订立的经济契约。国家更是如此。国而无信,不负责任,在国际上只能孤立自己。

从舆论角度看,打砸抢行为,往往会被国际媒体放大,世界看到的中国人是如此野蛮,谁还敢来投资?谁还愿意跟你合作?谁还会支持你,为你说话?曾有日本媒体就称中国的抗日已经陷入了"暴徒化",并称会给中国社会带来动荡,这实在应该引起我们的警醒。

另外,一些打砸抢烧行为,显然已经涉嫌触犯法律。可以说,在抗议活动中,凡危害公共安全或破坏社会秩序的,均属违法行为。对于游行示威中借机进行打砸等违法行为的,公安机关也会依法查处。不客气地说,打砸抢烧恶性事件一旦蔓延,将会导致国家局势的动乱,一旦动乱爆发,便会勾起连锁反应;到那时,态势失控,遭殃的是国家,是千百万老百姓。

凡事要坚持有理、有利、有节,把握策略。一时的发泄忿怒,丧失理性,就会做出名为"爱国"实为害国的举动。作为国人,应该明白什么才是真正的爱国。理性表达自己的立场,向世界展示中华民族爱好和平的意愿、文明理性地展现中国人的团结与自强,这才是我们该做的。

六、结语

总而言之,在新时期,加强中职生爱国主义教育是时代的呼唤,是促进国家繁荣强盛和社会安定和谐的精神支柱,也是提升个人素养,实现人生价值的必然要求。本节立足于当代中职生爱国主义教育新环境,挖掘新时期中职生爱国主义教育存在的问题,并对其成因进行了全面的分析,从而针对性地提出了解决办法和应对策略。

第二节　我的校园,我的家

一、我们的学校,我们温馨的家

离开朝夕相伴的父母,甚至远离家乡,进入新的校园、新的班级,面对新的学习生活,我们多少会有些身心上的不适。主动了解学校的过去、现在与将来,全面提升对学校与专业的认同感与荣誉感,用心感受学校及专业给予我们"家"的温馨,可以让我们更好、更快地融入新校园,适应新角色。

(一)我们的学校,我们的骄傲

了解校情校史,便是与校荣校誉相约;与优秀的学长学姐并肩,我们将因此而感到自豪。领悟校训、校风、教风、学风是我们当前的第一需要,因为它们不但承载着学校创建、发展与壮大的历程,更体现着学校的办学特色与文化精神。我们将在其文化精神的感召下,全面提升自己"知校、爱校、荣校"的责任情怀,从内心发出强劲的声音:"我们的学校,我们的骄傲!"

(二)我们的专业,我们的爱

带着希望和憧憬走进校门,许多同学发现,中职学校的课程开设和普通中学有着很大的不同,除了语文、数学、英语等文化课外,还有许多以前没接触过的专业课程。这些专业课程都是崭新的,大家都站在同一个起跑线上。新的起点,新的开始,只要我们充满信心,坚持不懈,成功就在前方。

(三)周边环境早熟悉

校园周边环境与我们的学习生活紧密相关。校园周边环境主要包括:周边的购物环境、交通状况、餐馆、就医渠道、银行网点、安全保障等。

二、校园生活,青春激昂

青春阳光是我们的生命名片,激情昂扬是我们的精神特质。校园生活包括学习、情感、娱乐、社团、交往等方面,正是多方面活动的交织才构成了丰富多彩的校园生活。除了课堂学习外,社团活动、技能竞赛、党团活动、志愿者活动等也是校园生活不可分割的一部分。

(一)社团活动丰富多彩

学生社团是由有着共同的志向和兴趣爱好的同学组成的业余学生团体,是校园文化建设的主力军,是校园社会活动的重要内容。参与社团活动,是中职学生培养兴趣爱好、提高综合素质和丰富内心世界的重要途径。

学生社团多种多样,活动内容丰富多彩,主要包括文艺、体育、学艺、专业等类。

(二)技能比武,助我提升

普通中学注重基础文化和学科知识学习,而中职学校更注重专业技能培养和学以致用。技能大赛是中职学生校园生活中一道亮丽的风景,也是助推中职学生专业技能提升的有效途径。

案例

技能大赛为中职学生插上腾飞的翅膀

某职校汽修专业学生赵某,于2011年3月26日参加了全省职业院校汽修专业的技能大赛,取得了一等奖的佳绩。该同学成为多家用人单位争抢的"宠儿",未毕业就与宝马4S店签订了合同。

参加此次大赛的还有计算机网络技术专业的何某以及建筑测量专业的罗某,他们在参加高考时获得了20分的额外加分。技能大赛让学生在就业时成为行业首选,同时也让继续升学深造的学生尝到了努力就有收获的甜头,技能大赛为中职学生插上了腾飞的翅膀。

讨论:上述案例说明了什么问题?对我们有什么启发?

1．大赛与社会人才需求对接

在中职学校,技能大赛有很强的专业性和实用性,是广大师生奋发向上、锐意进取的精神风貌和熟练技能的一次大展示。大赛中的获奖选手是专业领域的精英,是目前经济建设急需的人才,符合用人单位的需求,通过大赛可以让更多的单位了解学校、选拔人才。

2．大赛激发学生学习技能的热情

中职学校的技能大赛项目非常贴近市场,赛事不仅锻炼了学生,提高其与专业相关的职业能力和综合素质,更重要的是引导学生不断努力学习,提高专业技能,增强未来就业和升学的自信心。

3．大赛促进职业学校培养优秀的人才

"在学习中比赛""在比赛中学习",以赛促学,变"要我学"为"我要学",形成奋发向上的校园氛围和良好的教育环境,促进优秀人才的成长。

4．大赛为学生升学与就业提供了重要保障

技能大赛为用人单位和在校学生搭起了一座桥梁,让学生深入体验未来的职业生活,更加明确自己的奋斗方向;让用人单位更全面地了解学校、专业及学生,增强其对中职学生的信任感和认同感。

中职学校的教育是面向就业的教育,专业技术、实践技能是中职学校的特质和灵魂,因此技能大赛是中职学生学习生活重要的组成部分。大赛点亮人生,技能改变命运。专业知识和技能是中职学生的双翼,只有掌握过硬的专业知识、熟练的专业技能才能飞得更高、走得更远。

(三)党团活动引领成长

学生时代是我们汲取知识及塑造世界观、人生观、价值观的关键时期,党团组织在我们的成长中发挥着重要的引导作用,越来越多的同学光荣地加入到党团组织中。在党团组织的引导下,我们就如初升的太阳,朝气蓬勃,茁壮成长……

(四)志愿者活动铸我担当

青年志愿者活动本着"奉献、友爱、互助、进步"的追求,铸就每一位热血青年奉献与担当的精神。参加青年志愿者活动是同学们进入中职学校后,丰富自己的课余生活、成就自己责任担当的又一个明智选择。

近年来,青年志愿者活动的服务领域不断扩大,在农村扶贫开发、城市社区建设、环境保护、大型活动、抢险救灾、社会公益等领域形成了一批重点服务项目。

(五)自主管理,自我服务

苏霍姆林斯基说过:"实现自我教育,才是一种真正的教育。"对于中职学生来说,实现自我教育的重要手段首先就是要实现自我管理、自我服务。业余生活是中职学生学习生活不可分割的一部分。对我们来说,如何积极开展自我学习、自我管理、自我服务、自我发展,养成良好习惯,促进自身个体发展,维护身心健康,端正自己的学习生活与工作态度意义重大。爱因斯坦说:"人的差异在于业余时间。"我们要用好和管理好自己的业余时间,在学习专业知识和培养专业技能方面,与时间拔河,与时间赛跑,向时间要效率,向时间要成果。

第三章　校规校纪教育

第一节　学生学籍管理规定

为切实做好中职学生学籍管理工作,保障正常的教育教学秩序,提高教育质量,教育部制定了《中等职业学校学生学籍管理办法》,各校结合当地实际做好中职学生学籍管理工作。

第二节　免学费、助学金申请条件及申请程序

中职学校学生免学费、助学金申请条件及程序参照以下进行,如有变化,以当年国家政策和制度执行。

一、申请资格

凡具备下列资助申请条件的学生在每学期开学两周内向学校提出申请,填写《中等职业学校学生资助申请表》,并提供相关证明材料。

(1)涉农专业学生;

(2)非涉农专业家庭经济困难学生。

二、申请免学费提供材料

1.农村(含县镇非农户口学生)学生

农村(含县镇非农户口)学生需提供户口簿原件及复印件(需将户口簿第一页和本人页复印到A4纸上,并将复印件附到免学费申请表后面)。

2.城市户口学生

城市家庭经济困难学生需提供户口簿(身份证)及其复印件,同时交下列材料中任一项的原件及复印件:

(1)当年《城市居民最低生活保障领取证》;

(2)孤残学生本人的《残疾证》及证明材料;

(3)《革命烈士证》及民政部门出具的革命烈士子女证明材料;

(4)少数民族证明材料;

（5）家庭成员长期患重病证明材料；

（6）民政部门出具的遭遇自然灾害或突发变故等导致家庭经济困难证明材料。

注：需将父母任何一方享有以上条件的户口簿本人一页和学生本人一页复印到一张 A4 纸上，并和以上任一证件的复印件同时附到免学费申请表后面。

三、申请助学金提供材料

一、二年级在校家庭经济困难学生需提供户口簿（身份证）及其复印件，同时附上述（1）至（6）项材料中的任一项。

四、不得申请国家资助者

具有下列情况之一者不得申请国家资助：

（1）非家庭经济困难的学生；

（2）每学期开学长期未报到的学生；

（3）请假缺课累计超过该学期三分之一的学生；

（4）休学期间或休学期满未办理复学手续的学生；

（5）受纪律处分期间的学生。

第三节　学生请假与考勤制度

理论课、技能课、自习课、早操、课间操、晚自习、课外活动课、校会、班会、卫生与劳动值周时间均属考勤范围，学生因病、因事不能参加的需要请假。

一、请假手续

学生因公、因病或因事请假时，必须按以下规定办理请假手续。

（1）病假：因病请假必须持校医务室或区（县）级以上医院证明及班主任签批的请假条。

（2）事假：学生在学习期间一般不准请事假，如有特殊情况需请假，必须由本人出面申请，说明理由，并经由班主任签批方能生效。

（3）公假：因公请假需持派出部门签批的证明，经班主任批准。

（4）早操、课间操、晚自习请假必须经班主任或值班教师批准。班干部无权批假。

（5）学生请假期满，必须向班主任及批准单位销假，如因故需延长假期，应持交有关证明续假，续假手续同请假手续。

（6）学生请假如无特殊情况不应让别人代办请假手续，更不得事后补假。

二、事、病假批准范围

（1）理论课、技能课：病假一天以内的，由班主任批准；请假一天至三天的，由辅导员批准；三天至五天的由学工办领导批准；五天以上的由主管校长批准。

（2）学生实习、践习期间，请假由实习、践习单位批准，学校备案。

（3）在校请假的各种假条期满后，都要交给学工办汇总。

三、考勤制度

（1）凡未经请假或请假手续不符合上述要求而缺课者，均以旷课论，旷课累计一定节数，视情节轻重给予批评教育或纪律处分。

（2）课堂、自习课考勤表每周一张，出勤情况由班长填写考勤情况，任课教师签字证明，一周结束交学工办统一保管。

（3）早操、课间操、晚自习由值班教师及学生会干部负责考勤，并记入两操、晚自习考勤本，各班各类考勤情况由学生会干部汇总，每天找班主任、辅导员审批，每周送学工办汇总。

（4）班主任根据各种考勤记录每月汇总一次学生考勤情况，对学生进行管理教育。

第四节　教室和学生公寓管理规定

一、教室管理规定

教室管理主要参考实施《教室"7S"管理考核细则》（见表3-1）。

表3-1　教育"7S"管理考核细则

项目	工作标准及要求	考核标准	子项得分	本项得分
1. 整理（12分）：要与不要，一留一弃。腾出空间，提升教室整体形象	（1）课桌椅、讲台、门窗（含玻璃）、照明灯具及附属设备、饮水机、卫生工具等教学用具齐全	2分		
	（2）上交多余课桌椅、劳动工具	2分		
	（3）可回收垃圾置于统一的回收箱里，并定时清理	2分		
	（4）除了规定物品以外，墙上没有其他多余张贴物	2分		
	（5）教室内没有与学习无关的个人物品（如食品、玩具和游戏机等）	2分		
	（6）及时清理桌子抽屉内以及个人所在地面、夹缝及角落的杂物	2分		

续表

项目	工作标准及要求	考核标准	子项得分	本项得分
2. 整顿（22分）：科学布局，取用快捷。物品摆放有序，提高学习效能	（1）桌椅横成行、竖成列，椅子在不用时推入桌子下方；桌椅无破损。桌面干净整洁，无破损，无乱写乱画现象	2分		
	（2）必要书本整齐摆放到桌面左上角，水杯置于右方；桌内物品摆放有序；学生离开教室，收好学习用品，保持桌面干净	2分		
	（3）清扫工具摆放到班级文化墙右侧，摆放顺序由左至右依次为：拖把、扫帚、垃圾桶，簸箕反扣在垃圾桶上	2分		
	（4）班级誓词统一粘贴在黑板正上方中央	2分		
	（5）黑板右侧：课程表、值日表、作息时间表、住宿生名单、学校通知、班级公务表、班级曝光表等表格	2分		
	（6）黑板左侧：手机袋专区（标注学生姓名，上课时手机放于手机袋内，下课发放）	2分		
	（7）讲台桌自左向右：爱心档案、座次表、粉笔盒、黑板擦、植物盆景	2分		
	（8）班级前门：专业班级名称、班主任姓名及联系方式	2分		
	（9）班级靠门一侧墙壁："照片墙——成长的足迹"。班级靠窗一侧墙壁：班级正能量墙贴	2分		
	（10）班级文化墙设置在班级后墙上，张贴标语、班歌、班呼、班级公约、班规制度等内容	2分		
	（11）班级所获荣誉证书、奖状等悬挂在班级文化墙左侧	2分		
3. 清扫（12分）：清除垃圾、美化环境。保持教室环境干净整洁	（1）地面保持干净整洁，无积水	2分		
	（2）教室门窗每周擦洗，保持清洁，做到窗户无灰尘，门上无灰尘、鞋印	2分		
	（3）墙壁白净，无乱写乱画，无手印、鞋印、球印，无蜘蛛网、尘土和污渍	2分		
	（4）桌椅、日光灯、吊扇、空调、黑板、电教设备及暖气片上无灰尘和污渍	2分		
	（5）卫生区打扫干净，卫生区墙壁无乱写乱画，无手印、鞋印、球印，无蜘蛛网、尘土和污渍，地面保持干净整洁，无积水	2分		
	（6）有班级文化氛围	2分		
4. 清洁（9分）形成制度，贯彻到底。将整理、整顿、清扫内化为学生的自觉行为	（1）彻底落实前面的整理、整顿、清扫工作	3分		
	（2）制定完善的整理、整顿、清扫制度	3分		
	（3）将各项工作责任到人，各项要求传达到人	3分		

续表

项目	工作标准及要求	考核标准	子项得分	本项得分
5. 素养（14分）：养成习惯，以人为本。提升学生的素质和品位	（1）按时上下课，上课认真听讲，自习纪律良好	3分		
	（2）养成"五不"（不打闹、不说脏话、不乱丢乱放、不损坏公物、不破坏环境卫生）习惯	2分		
	（3）班干部以身作则，全班同学积极上进，集体荣誉感强	2分		
	（4）自觉维护走廊、过道等教室外公共场所的卫生；没有乱丢乱倒果壳、垃圾、污水等不文明行为；自觉维护、主动打扫室外公共卫生	3分		
	（5）穿着得体，自觉遵守《学生仪容仪表规范》	2分		
	（6）尊敬老师，团结同学，待人文明礼貌	2分		
6. 安全（18分）：强化意识，消除隐患。落实安全制度，打造平安校园	（1）各种设备设施维护良好，处于正常使用状态，发现问题立即报修	2分		
	（2）门窗的玻璃、插销、锁具等完好齐全，使用正常	2分		
	（3）掌握消防器材的正确使用方法	2分		
	（4）公共（安全）通道畅通，并有明显指示	2分		
	（5）教室无管制刀具、违禁物品	2分		
	（6）重视安全用电，注意隐患排查整改	2分		
	（7）教室内不玩危险游戏，不追逐打闹，注意活动安全	2分		
	（8）保护好自己的贵重物品，下课后及时关闭门窗	2分		
	（9）树立安全意识，坚持应急疏散良好习惯	2分		
7. 节约（12分）：节约资源，杜绝浪费。使学生养成勤俭节约的好习惯	（1）加强"勤俭节约"知识教育，树立"节俭"良好风气	3分		
	（2）养成节水、节电、节能的良好习惯	3分		
	（3）教室灯、电扇、空调坚持以够用为原则，做到人走灯灭，电扇、空调关闭	3分		
	（4）爱护公物、设备、设施，减少维修成本	3分		
总分				

二、学生公寓管理规定

学生公寓管理主要参照学生宿舍管理制度和《宿舍"7S"管理考核细则》（见表3-2）。

表 3-2　宿舍"7S"管理考核细则

项目	分类	工作标准及要求	考核标准	子项得分	本项得分
1. 整理（15分）：要与不要，一留一弃。腾出空间，提升学生宿舍整体形象	床铺	（1）床铺上只放常用的被褥、枕头、床单、被罩等 （2）长时间不用的物品要存在衣柜里	3分		
	衣柜	（1）衣柜按指定位置统一摆放 （2）衣柜上方不放置杂物	3分		
	书桌	（1）按指定位置统一摆放 （2）书桌上只摆放日常所需书籍和学习用具 （3）书桌上及键盘抽屉里不堆放杂物，地面保持干净	3分		
	劳动工具	（1）按指定位置统一摆放 （2）多余和破损的劳动工具要及时移走，上交宿管办	3分		
	个人物品	（1）学生个人日常生活用品指定位置统一摆放 （2）学校规定寝室中不允许学生存放的物品要移走	3分		
2. 整顿（15分）：科学布局，取用快捷。物品摆放有序，提高时效	床铺	（1）被子竖叠三折、横叠四折，叠口朝前，置于床铺中间靠卫生间一端，要求方正见棱角 （2）枕头放在被子另一端与被子对齐放平，枕头下禁止放物品 （3）床单（凉席）平铺整齐无折痕 （4）床铺下鞋架统一放在外侧 （5）每天至少整顿两次，巩固和维持床铺整洁有序	4分		
	荣誉物品	（1）荣获的各类证书、奖状按指定位置统一悬挂粘贴在墙上 （2）荣获的各类荣誉物品放在衣柜里	3分		
	书桌	（1）日常需要用到的学习用具由左至右整齐有序地放在书架上 （2）人离开时凳子分别摆放在书桌下面中间的空位处	3分		
	清洁用具	将日常要用到的清洁用具统一摆放在门后墙角	1分		
	个人物品	（1）每周需要换洗的衣服叠整齐后放在衣柜里 （2）清洗的衣服统一放在阳台晾晒 （3）每人可放两双鞋于床下，鞋尖朝里摆放 （4）个人的行李箱放在书桌下方 （5）脸盆统一放在脸盆架上，洗漱用品放在脸盆里，毛巾对折后挂于脸盆外侧	4分		

续表

项目	分类	工作标准及要求	考核标准	子项得分	本项得分
3. 清扫（15分）：清除垃圾，美化环境。保持宿舍环境干净整洁	床铺	（1）床铺架每周至少擦拭一次，保持床铺架无灰尘 （2）床铺下的鞋架每周至少擦拭一次 （3）每天对床铺上的多余物品进行一次清除	4分		
	衣柜	（1）衣柜一周清理一次，保持整洁 （2）衣柜外面不准乱贴乱画，每周擦拭一次，保持干净	3分		
	公共区域	（1）每周至少组织一次大扫除 （2）每天保持地面干净，无痰迹、水迹、尘土、纸屑、果皮等 （3）宿舍内外墙壁、门窗每周清扫一次，保持整洁 （4）洗漱台每天擦拭一次，保持表面无痕迹和灰尘 （5）卫生间每天至少刷洗一次 （6）空调、电扇每学期清洁一次	4分		
	个人物品	（1）书桌、板凳每天擦拭一次，保持上面无垃圾、灰尘 （2）个人的行李箱每周擦拭一次，保持上面无灰尘 （3）个人衣物及床上用品要定期换洗，无脏衣物、鞋袜堆积	4分		
4. 清洁（10分）：形成制度，贯彻到底。将整理、整顿、清扫内化为学生的自觉行为	保持	彻底落实前面的整理、整顿、清扫工作	4分		
	制度	（1）将《寝室卫生值日表》粘贴到门后 （2）将《物品摆放规范表》粘贴到门后	3分		
	落实	（1）将各项工作责任到每位住校生 （2）将各项工作要求传达到每位住校生	3分		
5. 素养（15分）：养成习惯，以人为本。提升学生的素质和品位	纪律	（1）不吸烟、不喝酒、不赌博、不打牌 （2）遵守作息制度和请假制度，按时起床、按时就寝、按时出入寝室 （3）服从宿舍值班人员、生活指导老师以及学生会干部的管理	5分		
	素质	（1）爱护公物，不随意破坏公物 （2）不将食品带入寝室 （3）自觉维护公共卫生，自觉维护走廊、过道、厕所等室外公共场所的卫生 （4）不准向窗外、门外倒水、抛弃废物，不准向下水道或厕所扔易造成堵塞的任何物品，不准在走廊刷牙、倒水，晾衣服时待水干后再拿进寝室 （5）宿舍区内严禁打球、踢球、打闹嬉戏等	5分		
	礼仪	（1）见到老师要主动问好 （2）不骂人、不说脏话、不侮辱他人、不打架斗殴 （3）同学之间要互相团结、和睦相处	5分		

续表

项目	分类	工作标准及要求	考核标准	子项得分	本项得分
6. 安全(20分):强化意识,消除隐患。落实安全制度,打造平安校园	防火	(1)增加防火意识,严禁将易燃、易爆、易腐蚀或其他危险物品带入寝室内 (2)禁止在寝室内使用明火 (3)禁止在寝室内吸烟 (4)掌握火灾逃生相关知识 (5)掌握灭火器的正确使用方法 (6)一旦发生重大或突发事件,要按照紧急疏散线路,有序安全撤离	8分		
	防盗	(1)人人应加强人身安全、财产保管意识,个人贵重物品妥善保管,如不慎丢失,责任自负 (2)寝室最后离开的学生应锁门关窗,寝室钥匙不得互借	6分		
	用电	(1)严禁使用电炉、电热杯、热得快、电热毯、取暖袋、电水壶、电饭锅、电吹风等大功率电器 (2)严禁私自接拉电线	6分		
7. 节约(10分):节约资源,杜绝浪费。使学生养成勤俭节约的好习惯	用水	(1)洗漱完毕及时关闭水龙头 (2)洗澡时禁止嬉戏、打闹、泼水等	4分		
	用电	(1)最后离开寝室的同学必须关闭电灯、电扇等一切用电设备 (2)节约用电	3分		
	其他物品	(1)平时喝水留下的饮料瓶要统一回收 (2)劳动工具破坏后要上交宿管办以旧换新 (3)积极响应双节约号召,自觉遵守宿舍用水用电相关规定	3分		

第五节　学生日常行为规范

一、遵纪守法、勤奋学习

(1)遵守宪法和法律,维护社会安定,勇于同不良行为作斗争。

(2)遵守校规、校纪,服从管理,保持良好的教学秩序。

(3)明确学习目的,端正学习态度,坚持德、智、体全面发展。

(4)上课专心听讲,积极思考问题,按时、独立完成作业。

（5）勤学苦练基本功,努力掌握基础理论知识和专业操作技能。

二、尊敬师长、团结同学

（1）尊重教职工,虚心接受教诲和指导。
（2）诚实守信,热忱待人。
（3）团结同学,互助、互谅、互让。
（4）爱班、爱校,维护集体荣誉,积极参加集体活动。

三、热爱劳动、文明生产

（1）热爱所学专业、遵守职业道德,端正劳动态度,虚心向工人师傅学习。
（2）遵守劳动纪律,严守操作规程,坚持文明生产,完成生产实习任务。
（3）爱护设备、工具,节约能源和原材料,注重经济效益。

四、遵守公德、勤俭节约

（1）尊重他人的人格、宗教信仰和民族习惯。
（2）敬老爱幼,助人为乐。
（3）遵守交通规则,维护公共秩序,爱护公共财产。
（4）节约水、电、粮食,不追求物质享受。
（5）尊重父母的意见和教导,经常向父母汇报生活、学习、思想情况。

五、自尊自爱、仪表端庄

（1）坐、立、行走、读书、写字姿势端正。
（2）穿着整洁、朴素大方。
（3）举止文明、礼貌,态度和蔼,谈吐文雅。
（4）不吸烟、不酗酒、不早恋。
（5）不赌博、不打架斗殴,不参加封建迷信活动,不传看黄色书刊、录像。
（6）维护国家尊严和利益,不做有损国格、人格的事。

第六节　学生仪容仪表规范

　　为加强学校管理,正确引导教育学生,规范学生仪容仪表,培养学生的审美情趣,养成良好的生活习惯,体现青年学生朝气蓬勃、积极向上的精神面貌,根据《学生日常行为规范》有关规定,特制定《学生仪容仪表规范》。具体内容如下:

一、仪容仪表基本要求

整洁、朴素大方、得体、适时，符合学生身份。

二、仪容仪表具体要求

（1）学生进出校园和在校园内必须佩戴校卡，按学校规定要求着装。夏季，女生不准穿无袖上衣和露腰、低胸的短上衣，不准穿超短裙、拖鞋；男生不准穿大裤头、背心、拖鞋。冬季，穿着要健康、文明，上衣和裤子上不得有花哨、怪异的装饰图案或饰件。不准背挎包或休闲包。体育科技活动必须穿运动鞋。

（2）男生不准留长发、剃光头、纹身、染发，不理怪异发型，头发做到前不遮眼，旁不遮耳，后不擦领。

（3）女生不准涂脂抹粉、描眉画眼、抹口红、披头散发、烫发、染发，不梳怪异发型。

（4）女生不准佩戴耳环、项链、戒指、手镯、手链等饰物。男生不准戴耳环、项链，腰间皮带上不准带饰物（玉佩、画片、绳结等）。不染、不装饰指甲，指甲不长出手指外缘。

（5）做到坐有坐姿、站有站相，坐姿站姿要端正，走路姿态要端庄。

三、对违规现象的处理

（1）违反以上规定一次者由班主任、学工办有关人员批评教育，并限期整改。
（2）教育后并未整改的，通知家长领回整改。
（3）家长领回后，规定期限内仍未整改者，以旷课论处。
（4）对凡违规达三次或以上者，学校给予相应纪律处分。

第七节　学生证、校卡管理办法

学生证和校卡是学校在籍学生证明其学生身份的有效证件，学生应正确使用和妥善保管。为规范学生证和校卡管理，各校制定了各自学生证、校卡管理办法。

第八节　学生奖惩条例

为了表彰先进，鞭策后进，调动学生积极心态，各校均制定奖惩条例。

一、奖励

1. 奖励原则
(1)德育为主原则;
(2)论功行赏原则;
(3)以精神奖励为主原则。

2. 奖励奖项
(1)诸方面均突出的综合奖;
(2)某一方面突出的单项奖;
(3)在某项活动中取得显著成绩的贡献奖;
(4)经过艰苦努力有明显提高的进步奖。

3. 奖励等级
(1)奖励积分;
(2)通报表扬;
(3)嘉奖(包括评为单项活动先进、颁发嘉奖证书或物质奖励);
(4)授予荣誉称号,如"优秀师范生""优秀团员""优秀学生干部""先进班集体"等。

4. 奖励办法
(1)增加量化考核积分;
(2)通报表扬;
(3)取消处分;
(4)颁发荣誉证书;
(5)颁发奖品或奖学金;
(6)优先安置就业;
(7)推荐继续深造。

5. 奖励条件
(1)拾金不昧;
(2)主动维修公物;
(3)积极为校刊、广播、板报撰稿;
(4)为班级或学校争得荣誉;
(5)揭发和制止不良行为;
(6)学习成绩有明显提高;
(7)个人表现有较大进步;
(8)集体面貌有明显改观;

（9）提出建设性意见被采纳；

（10）学生干部工作积极认真，贡献较大；

（11）较好地完成了班级、学校安排的临时性任务；

（12）坚持经常做好人好事；

（13）一学期内连续被评为文明寝室；

（14）其他有积极影响的行为。

二、处罚

对于违犯《学生学籍管理规定》和《学生日常行为规范》中有关条例的学生，学校要对其进行批评教育，情节严重或屡教不改者，可给予警告、严重警告、记过、留校察看、责令退学和开除学籍处分，对未构成行政处分的违纪者，学校给予违纪登记，学期期间，较严重的违纪登记累计三次自然升级成为行政处分，受行政处分者记入学生档案。

处分学生必须慎重，对"警告""严重警告""记过"学生，须经学校学生教育处理委员会研究通过，校长批准备案，被"留警察看""责令退学""开除学籍"的学生要经校务会研究通过并上报主管部门批准。受处分的学生要在全校学生大会上通报并通知学生家长，对受处分的学生要予以关心、帮助，不要歧视。

受处分的学生要努力改正错误，每月写出思想汇报；受处分的学生不享受奖学金，不得参与各项评优。

1．处分程序

（1）对一般违纪事件，班主任应及时了解、调查、处理，防止事态扩大，并及时将情况向学工办汇报。

（2）班主任查明违纪者后，令其写出详细经过，做出检查，对其进行批评教育，与违纪者家长取得联系，通报情况，并对违纪者提出处理意见，上报学工办。

（3）学工办以班主任意见为基础，根据违纪事件造成的后果及影响，提出处理意见，报至学生教育处理委员会批准。

（4）对较严重的违纪事件，学生科负责调查，班主任协助，严重违纪事件由保卫科负责调查，学工办协助，调查结束后应及时提出处理意见，报学生教育委员会讨论。

（5）学生教育处理委员会以学工办、保卫科提出的处理意见为基础，根据违纪事件造成的后果及影响，提出处理意见，报校务会讨论或报校长批准执行。

（6）校务会研究通过、校长批准后，学生科、班主任将处理结果告之学生本人及家长。

（7）学生科将处理结果在学生大会上给予通报后，张贴布告。

2．处理考察期

"警告"为三个月,"严重警告"为五个月,"记过"为六个月,"留校察看"为一年。在考察期间,受处分学生停发奖学金,每月必须写出思想汇报,班主任阅后签署意见交学工办。考察期满,受处分学生各方面表现良好,无违纪现象,方可考虑是否取消其处分,如考察期间表现不好或再次出现违纪现象,可延长考察期,严重违纪者加重处罚;如确有突出表现者可缩短考察期,提前撤销处分。

3．撤销处分程序

(1)受处分者考察期满后,个人写出书面申请。

(2)班委会讨论通过意见。

(3)班主任提出意见。

(4)学生科同意后交校务会研究。

(5)校务会研究通过,校长批准后予以撤销处分。

4．处分细则

(1)扰乱正常教学秩序或公共秩序、破坏安定团结者。

扰乱正常教学秩序或公共秩序、破坏安定团结者(如影响课堂教学或自习、集体活动、集会秩序;煽动他人不满情绪;随意留宿非住校人员住宿,非住校生私自留校住宿;不履行请销假手续;外出晚归,外出整夜不归;校内外喝酒;不按规定佩戴胸卡;对值班、值勤人员无理取闹,不服从管理等),情节较轻,视其认错态度,给予警告处分;情节较重,经教育能改正者,给予记过或留校察看处分;情节严重,经教育不思悔改者,给予责令退学或开除学籍处分。

(2)违反国家法律、法令、法规,受到司法部门处罚者。

①被判处以管制、拘役、徒刑或劳动教养者,给予开除学籍处分。

②判处以管制、拘役、徒刑,被宣布缓期执行(属于过失犯罪)者,给予责令退学或开除学籍处分。

③被收容审查释放者,给予留校察看、责令退学或开除学籍处分(经有关部门审查确认为无辜者,不在此列)。

④被处以行政拘留者,给予留校察看或责令退学处分。

⑤被处以罚款者,视情节轻重,给予警告、记过处分。

(3)偷盗、诈骗、敲诈、强取、勒索公私财物者。

①价值在200元(含200元)以下者,给予留校察看处分。

②价值在200元以上、1000元以下(含1000元)者,给予责令退学或开除学籍处分。

③价值在1000元以上,给予开除学籍处分,并交公安机关处理。

④价值在200元以下、多次作案者,给予开除学籍处分,交公安机关处理。

（4）破坏公物财产者。

①价值在 50 元（含 50 元）以下者,给予记过处分。

②价值在 50 元以上者,给予留校察看处分。

③凡破坏公共财物者,除照价赔偿外,须缴纳 3 倍以上赔偿金。

④后果严重者,给予责令退学或开除学籍处分并交公安机关处理。

（5）调唆和策划打架、参与打架、提供伪证和凶器者。

①采取任何方式调唆他人打架者,视后果轻重,给予警告或开除学籍处分。

②策划他人打架未造成后果者,给予记过处分;后果严重者,给予留校察看至开除学籍处分。

③预先知道会出现打架情况,而知情不报者,给予警告处分。

④指使校外人员来校闹事者,视情节轻重给予留校察看、责令退学或开除学籍处分。

⑤动手打人未造成伤害者,给予记过处分;致他人轻伤者,给予留校察看处分;致他人重伤者,给予责令退学或开除学籍处分,甚至送交公安机关处理。

⑥以劝架为名拉偏架者,给予记过处分。

⑦打架目击者故意为他人作伪证、隐瞒事实真相,给调查工作造成困难者,给予警告或记过处分,打架者捏造事实,学校加重处理。

⑧为他人打架提供凶器未造成后果者,给予记过或留校察看处分。造成后果者,视轻重程度,给予责令退学或开除学籍处分。

⑨持械伤人者,视其后果轻重,给予留校察看、责令退学或开除学籍处分。

⑩受伤者的一切医疗、营养、车船等费用,由伤人者全部负担。

（6）无故旷课者。

一学期内无故旷课累计学时达到以下者:

①十节（一天）,给予警告处分。

②二十节（二天）,给予记过处分。

③三天以上四天以下给予留校察看或责令退学处分。

④五天以上给予开除学籍处分。

（7）考试、测试（考查）作弊或协同作弊者。

凡考试、测验（考查）作弊或协同作弊者,根据情节和后果给予警告以上留校察看以下处分。在校最后一学期考试作弊者,作结业处理。

（8）生活作风、道德败坏,发生不正当行为者。

①情节严重,给予责令退学处分。

②如尚未造成严重后果,且认错态度诚恳者,给予留校察看一年的处分。非法男女同宿者,给予责令退学或开除学籍处分。

（9）吸烟、喝酒、赌博者。

①情节轻微，经教育尚能改正，给予警告处分。

②情节较重者，给予记过或留校察看处分。

③情节严重，影响恶劣者，给予责令退学或开除学籍处分。

（10）违纪行为较轻者。

对于违纪行为较轻者，给予违纪登记，学期中累计三次自然升级为行政处分，处分视情节而定。

（11）加重处分行为。

有下列行为者，加重一级处分：

①违纪后，认错态度不好者。

②在本校已受过行政处分者。

③对检举人、证人、学生干部打击报复者。

（12）从轻处理行为。

有下列情形者，可从轻处理：

①未造成严重后果，主动承认错误、如实交代、及时改正、积极配合学校处理者。

②主动检举、揭发他人的违纪行为，并积极协助学校查出问题者。

（13）二次违纪者。

受留校察看处分者，二次严重违纪予以责令退学处分。

（14）其他违纪行为。

本条例没有列举的违纪行为，但确实要给予处分的，由校务会研究决定。

第九节　学生社团管理制度

学生社团组织是由学生自愿组成、为实现成员的共同意愿、按照其章程在学校内部开展活动的非营利性组织。为更好地保障学生社团的运行，学校制定了学生社团管理制度对社团进行管理和奖惩。

第四章　学生会与团委制度

第一节　学生会

一、学生会机构人员组成

（1）学生会实行主席团负责制，下设秘书处、组织部、宣传部、学习部、生活部、纪检部、文体部、摄影部、礼仪部等八个部一处。

（2）学生会设主席1名、副主席4名，秘书长1名，各工作部设部长1名、副部长1名。各部（处）设干事2~3名。

（3）学生会主席团由主席、副主席、秘书长、组织部部长、宣传部部长、学习部部长、生活部部长、纪检部部长、文体部部长组成。

二、学生会成员岗位职责

1．学生会主席

（1）主持学生会的全面工作，定期召开学生会工作会议，布置协调和检查各部工作。

（2）围绕学校中心工作，发动全校学生积极开展争优创先活动。

（3）及时向校领导、校团委、学生处汇报工作。反映学生的思想和要求，及时对学校工作提出建议与意见。

（4）代表学校向上级学联汇报工作。

2．学生会副主席

（1）协助学生会主席做好学生会的各项工作，分工联系一个或几个部的工作，并给予指导和帮助。

（2）完成主席交办的各项工作，主席不在时，受主席的委托执行主席的职权。

3．秘书处

负责处理学生会日常事务，协调其他各部门的工作。具体工作有：会议的召集及记录，文档资料的管理，事务性计划与报告的起草，各部工作资料的汇总等。

4．组织部长

（1）负责监督,考核校学生会干部的工作情况,及时反馈学生对学生会工作及学生干部的意见,向主席团汇报并提出意见和建议,帮助学生干部提高自身素质;（2）组织校学生会干部的选用、主要干部的选拔,为学生会物色、吸纳人才,向主席团提交人事安排建议;（3）及时建立和更新各部门人事档案,素质档案,落实学生干部资格认证,建立特长学生人才资源库;（4）拟订科学合理的校学生会主要干部管理制度;（5）拟订学生会表彰奖励制度,负责学生会干部的培训和年度考核评优工作,保证学生会工作的连续和稳定性,提高整体工作水平。

5．宣传部长

（1）配合团委宣传部搞好学生各项活动的宣传报道。结合学校的中心工作和学生实际情况开展宣传教育工作。

（2）负责学校黑板报的出版工作,检查和指导班级黑板报的出版。不定期出版学生工作的信息。

6．学习部长

（1）定期召开各班学习委员会议,了解各班的学习情况和学生对教学的意见,经常与教务部门联系,为学生解决学习上的实际问题。

（2）组织举办知识讲座,召开学生学习座谈会,组织各类学习竞赛活动。检查各班学习园地、指导各班学习委员开展工作。

7．生活部长

（1）经常听取学生在生活管理方面的意见和要求,及时反馈给学校有关部门,力争改善学生的学习和生活条件。

（2）组织学习开展自我服务活动,定期进行教室和宿舍卫生及眼保健操的检查评比工作,指导各班生活委员开展工作。

8．纪检部长

（1）配合学校进行校风校纪的检查评比,搞好校风建设、督促学生干部模范执行校纪校规。

（2）做好学校大型活动、校会、食堂就餐秩序的纠察工作和纪律评比工作。

9．文体部长

（1）协助学校有关部门组织搞好节日联欢活动和艺术活动。经常开展各类文艺活动和竞赛,丰富学生课余生活。

（2）指导班级文娱委员开展工作。

（3）配合学校有关部门组织学生参加省、市、校等体育活动。组织学生经常开展各种群众性体育竞赛,丰富学生课余生活,增强身体素质。

（4）协助体育教研组做好广播操检查评比工作,指导班级体育委员开展工作。

10．摄影部长

（1）负责学生会活动的摄影工作。

（2）组织摄影爱好者社团。

（3）协助主席团做好其他相关工作。

11．礼仪部长

（1）负责迎接上级检查和平时门口礼仪值班工作。

（2）检查学生会成员仪容仪表，组织礼仪训练爱好者社团。

（3）协助主席团做好其他相关工作。

12．副部长

协助部长做好本部各项工作，听从上级安排，认真落实、安排、布置、记录好本部门的一切事务，做好每周、月、学期、年的总结及评比工作。

13．干事

协助副部长完成上级布置的各项任务，并记录在案、备查，做好每周、月、学期、年的总结及评比工作。

三、学生会干部的要求

（1）具有高度的思想政治觉悟和政治素质，坚持四项基本原则，积极拥护、执行和学习党的各项方针政策；

（2）有高度的自觉性和纪律性，严格遵守学校的规章制度，服从管理，自觉接受学代会和主席团的监督；

（3）严格要求自己，作风正派、品德优秀、成绩良好、团结同学、关心部员，处处以身作则，有全心全意为同学服务的精神，起到模范带头作用；

（4）有较强的组织管理能力和社会活动能力，有领导风范；

（5）有高度的责任感和工作热情。在工作中认真负责，按时完成工作，做好领导工作，积极进取，勇于创新；

（6）有批评和自我批评的精神，勇于承认错误，善于总结经验；

（7）有正义感，敢于提出工作中的不良现象，敢于同一切损害集体利益和他人合法权益的行为做斗争；

（8）能处理好学习和工作的关系，在工作中要善于学习和不断完善自我。

四、学生干部应具备的能力

1．策划组织能力

学生干部在其本职工作内因地制宜地开展活动。该活动首先应进行策划，该策划应周密、细致。在成功策划之后,考验学生干部的便是组织活动的能力,组织者应当具有自己独到的工作作风并为同学所接受和支持,能够迅速处理组织活动进程中出现的各种问题,并使活动收到良好的效果。

2. 执行能力

学生干部扮演的是服务人的角色。上服务于学校,下服务于班级同学,对同学讲组织能力,而对学院则讲执行能力。学生干部对学院的决定应当不遗余力的执行,并做好反馈工作,不能让领导、老师交给的任务石沉大海,不论完成得如何,都应该事后汇报,这样既能与老师及时沟通,又能得到老师的指导,不论得到的是批评或表扬,对学生干部自身工作水平的提高都有益处。

3. 合作能力

团队精神是能成为一个优秀团队的保证。因此,对于一个团体,队员合作的能力对团队的影响深远。每一次活动的组织完成,不能单靠某个学生干部的力量,还应得到其他学生干部的鼎力相助,积极合作。领导干部要心往一处想,力往一处使。这样才能收到最佳效果。

4. 灵活创新能力

学生干部应是一个行为主体,不是"石磨",推一下则动一下。除了执行任务,什么事也不做,只能是一种工具,而优秀的学生干部应当具有积极能动的品质,积极谏言,为各项活动发展献策,发挥主观能动作用。要在做事的过程中顾及到全面。不管你的方法、想法、意见是正确还是错误,只要说出来了,都是一个锻炼的机会、都是一个提高。

5. 处理突发事件的能力

在紧急情况下,来不及请示时,学生干部对突发事件应当保持高度清醒,明确自己的立场,从大局出发。之后及时向领导报告说明情况,古语讲"将在外,军命有所不受",但不是蛮干和傻干;同学中有吵架、突发疾病等的时候,不要惊慌失措,要冷静地对突发事件进行处理;同时派人告诉老师。

6. 自我控制能力

这一条十分重要,首先遇事不慌而要冷静、理智,是我们开展工作的前提,这就需要我们要有良好的心理素质,要善于调节自己的情绪,要有坚定的信念,顽强的意志,稳定的情绪,健康的身心,做事要自信;在工作中,我们也会遇到很多困难,比如在检查卫生的时候别人会对你不理不睬,甚至有时候还遭受冷眼,高年级的师兄师姐藐视的眼神等,但我们自我控制避免冲突,有自己解决不了的困难一定要告诉老师,要注意保护自己。所以作为一个学生干部,必须要有良好的心理素质、端正的心态和积极向上的乐观精神。

7．语言表达能力

作为学生干部,其感召力,离不开人际交流和沟通的能力;给老师汇报工作时语言要表达准确流利。在开会时要有层次感、要井然有序、有头有尾、有理有据。在对同学进行教育时要语言得当、有力、有度。

8．观察、分析问题能力

在学习生活中要注意同学的思想动态,在工作中要注意成员的思想动态,要学会处理个别成员思想上的问题。

9．模仿能力

学生干部要学会学习、要学会模仿。要汲取别人的闪光点、优势,完善自己。

五、免职的条件

(1)思想作风不端正,不响应党和国家的号召,不服从上级领导,不接受学委会和主席团监督者;

(2)工作作风散漫,工作拖沓、不负责任,无特殊原因而不能做好本职工作者,在主席团给予警告而未能改正者;

(3)不能按指定标准完成工作任务或所做工作缺乏实效性者,应视具体情况予以免职或劝其自动辞职;

(4)在工作中缺乏纪律性,不按时召开或参加例会,给予警告不改者;

(5)在学习中出现两科(及两科以上)不及格者;

(6)出现重大问题,受学校纪律处分;损害集体利益,以权谋私、徇私舞弊者;

(7)道德品质败坏,立场不明确,沾染不良风气,参加邪教组织者。

第二节 校团委

一、学校团委工作职责

校团委是共青团的基层组织,在校党委和上级团委的领导下开展工作,其主要职责是:

(1)根据学校党委和上级团委的工作部署和要求,制定全校团的工作计划;召开团委会,传达上级指示精神,研究部署有关工作,对阶段性的工作进行组织、安排和实施。

(2)积极发挥团组织的党的助手和先锋模范作用,生动活泼地开展团的思想教育工作,团结、教育和引导广大团员青年在实践中树立共产主义理想和正确的世界观、人生观和价值观,提高思想政治素质。

（3）发挥团组织代表青年利益的作用，参与学校有关学生事务的民主管理，成为学校党政部门密切联系学生的桥梁纽带。

（4）抓好团的组织建设，严格团的组织生活，制定团组织工作有关条例和文件，建立健全团组织的日常工作制度。

（5）抓好团员教育管理、团干部培训和"推优"工作，协助党委做好专职团干的管理和考核。

（6）做好团各项宣传工作，大力开展"争先创优"活动。

（7）组织学生开展丰富多彩、健康有益的勤工助学、社会实践和学雷锋活动等第二课堂活动，促进校风学风建设。

（8）负责本校团员的团费收缴和管理使用，做好团组织关系接转、新团员发展、超龄离团等工作。严格执行团纪律，对违反校纪团纪的团员按有关规定和组织程序给予处理。

（9）指导和支持校学生会开展各项工作，帮助和培养学生骨干。

（10）组织教工团委开展团的工作，配合学校和各单位党、政、工会做好青年教职工的思想教育、教学科研、管理服务工作，开展文体活动。

（11）配合学工办做好学生教育、管理、评优、毕业分配等有关工作。

（12）做好团委有关文件、材料的立卷、归档和固定资产的登记、管理工作。按照有关规定，做好团内外的联络和接待工作。

（13）完成校党委和上级团委交办的其他工作。

二、校团委机构人员组成

校团委设书记、副书记、组织委员、宣传委员、文体委员、纪检委员，必要时可增设、撤销、调整。各班团支部为学校团委的基层组织，分别设支部书记、组织委员、宣传委员各1名。

三、学校团委各组成成员工作职责

（一）书记岗位职责

（1）根据校团委工作职责，负责团委日常工作，主持召开委员会议和团委扩大会议，传达校党支部指示，研究确定全校团的工作任务。

（2）负责全校共青团工作的计划、检查、总结工作，负责向校党支部和上级团委反映情况、汇报工作，及时向下级团组织布置工作，交流情况。

（3）开展调查研究工作，熟悉团情，掌握团员青年的思想动态，有针对性地提出解决问题的办法。

（4）集中力量抓好每一阶段的中心工作，督促并帮助团委各部门做好日常工作。

（5）抓好团委班子的思想建设和组织建设,关心团委干部的学习、工作和生活,充分调动团委干部的积极性,协调各方面的关系,争取各方面的支持。

（6）帮助、指导各团支部开展工作,组织基层团干部认真学习、领会党的方针、政策,研究团的工作特点和规律,探讨工作方法和经验,不断提高团干部的思想素质和工作能力。

（7）做好学校精神文明建设工作。负责本单位的计生、治安保卫工作。

（8）完成上级交办的其他工作。

（二）副书记岗位职责

（1）按照团委工作职责,认真协助书记做好全校共青团工作的计划、检查、总结工作。

（2）积极主动协助书记处理好日常工作。

（3）配合书记做好全校团的组织建设、思想建设,协助书记协调团委各部及各分团支部的工作。

（4）负责本单位的档案、信息、保密工作。

（5）受书记委托代理书记主持工作。

（6）积极完成领导交办的其他工作。

（三）组织委员岗位职责

（1）了解基层团组织建设情况,对团组织生活提出计划和建议。

（2）抓好下级团组织的班子建设,督促并协助各基层团组织做好改选调整工作和团干部的教育培训工作。

（3）负责团支部工作考评和分团委工作考评,建立团干部工作档案。

（4）制订并完善团的管理制度,做好新团员发展、超龄离团、收缴团费、接转组织关系的工作,并对违纪团员情况进行调查了解,提出处理意见。

（5）负责抓好每年度的团员教育评议、年度注册和评优表彰工作。

（6）指导基层团组织按规范化要求做好"推优"工作。

（7）做好年度全校团组织和团员状况统计和上报工作。

（四）宣传委员岗位职责

（1）配合党的中心工作,及时宣传党的路线、方针、政策和上级有关决议,抓好经常性的宣传工作和团的思想教育工作。

（2）协助党支部和组织部做好党校积极分子的培训工作。

（3）了解团员青年的思想动态,分析原因,编写调查材料,并及时上报有关部门,为领导决策提供参考。

（4）负责组织第二课堂、校园文化、社会实践和大学生志愿者服务活动,为团员青年组织各种学术讲座和知识竞赛等活动。

(5)负责校园广播室的审稿工作,组织好校园广播室各栏目的组稿、编辑和发行工作。

(6)负责学生宣传干部的业务培训,组织力量做好对外宣传工作,协调各基层团支部,安排好校园宣传栏、橱窗、墙报的定期出版和内容更换工作。

(五)文体委员工作职责

(1)积极协助学生会文娱部、体育部的工作。

(2)文娱方面:组织学校的文艺活动,丰富同学们的业余文化生活;组织同学参加学校及校外(经学校同意)文艺节目的排练及演出工作。

(3)体育方面:协助体育教师上好体育课,军事训练课,搞好体育达标检查;认真抓好早锻炼和课外活动。根据同学的要求开展班级的体育联谊活动。组织学校同学参与课余的体育锻炼。做好学校各类体育器材的管理工作。

(六)纪检委员工作职责

(1)主要负责监督团员不良言行举止,考察团干履行职责情况;

(2)积极配合其他各部门工作,如青年团校,进行监督管理;

(3)检查团员佩戴团徽的情况,并进行及时登记;

(4)负责校园共青团员日常行为规范监督检查;

(5)每月按时到指定地点检查站岗活动;

(6)针对以上职责对有违反规定的班级或同学给予扣分,并将其纳入每月流动红旗的评比中。

四、团委各项工作制度

1.组织部工作职责

(1)组织发展工作;

(2)办好青年团校,组织青年积极分子进行团的基础知识的学习,按时收缴团费;

(3)指导各支部过好组织生活,并进行检查记录;

(4)团员注册;

(5)培训新团干,考察团干履行职责情况;

(6)考评团支部的各项工作;

(7)负责团委所有文件、资料的收集、整理工作。

(8)负责全体团员的思想教育工作;

2.宣传部工作职责

(1)组织团员学习马列主义、毛泽东思想、邓小平理论及"三个代表"重要思

想,学习党中央的路线方针政策及上级团委的指示;

(2)打击歪风邪气,宣扬文明美德,加强校园精神文明建设;

(3)团内活动的宣传发动,结果公布等;

(4)组织好团刊文学社、书法协会及广播站,每学期出 1~2 期团刊;

(5)检查、评比团支部黑板报并负责出好校园内团委的黑板报;

(6)负责团委宣传橱窗的布置。

3．文体部工作职责

(1)负责组织团内的文体活动;

(2)负责各种节假日或纪念日的活动设计、策划、组织和安排工作;

(3)组织部、宣传部策划的思想教育、学习竞赛等活动,由活动部负责具体实施;

(4)组织好"青年志愿者活动",包括学雷锋活动、送温暖活动和社会实践活动;

(5)和学生会一起管理好校内各种社团;

(6)协助团委书记选派人员参加上级团委组织的活动。

4．纪检部工作职责

(1)主要负责监督团员的不良言行举止,考察团干履行职责情况;

(2)积极配合其他各部门工作,如青年团校,并进行监督管理;

(3)检查团员佩戴团徽的情况,并进行及时登记;

(4)负责校园共青团员日常行为规范监督检查;

(5)每月按时到指定地点检查站岗活动;

(6)针对以上职责对有违反规定的班级或同学给予扣分,并将其纳入每月流动红旗的评比中。

五、团委各项会议制度

1．团委委员会议制度

(1)每周星期一中午为团委委员会议时间;

(2)内容主要是传达上级文件、商议计划、总结、讨论具体工作等;

(3)会议由组织部委员作好详细记录;

(4)任何委员不得以任何理由迟到或缺席,否则将扣其工作考评分。

2．团支部书记会议制度

(1)团支书会议时间由团委委员会议决定;

(2)内容为传达上级文件、布置团委委员会议商定的工作等;

(3)会议由主持者作好详细记录;

（4）团支部书记应按时到会，自己不能来的，应指派支委中的一人参加，否则将扣其支部的工作考评分。

3．团员代表大会制度

（1）每年三月举行一次团员代表大会；

（2）团员代表由各支部按团员人数 10% 的比例民主选举产生，校团委会、学生会成员、各班团支部书记、班长为当然代表，不占本班名额；

（3）团委书记应代表校团委在大会上作年度工作报告；

（4）团委委员换届选举为团代会的一项重要议程，团代会应在团委委员候选人中差额选举出新一届团委委员。

第三节　团支部常规工作制度

一、工作职责

1．团支部书记工作职责

（1）及时传达上级指示精神；

（2）定期向校团委、班主任汇报工作和团员情况；

（3）做好团员青年的思想教育工作；

（4）主持开好支委会，团员大会，组织生活和团课；

（5）按要求起草好各种计划、总结并交支委会或团员大会讨论通过；

（6）负责组织完成上级团委交给的任务；

（7）协调支部委员的工作。

2．团支部组织委员工作职责

（1）收缴团费，筹集活动经费；

（2）检查团徽的佩戴情况；

（3）考察团员在各种活动中的表现及日常考核工作，作好考勤记录；

（4）收集、整理"入团申请书"；

（5）考察申请入团者的表现情况，颁发"入团摸底调查表"和"入团志愿书"；

（6）协助团支部书记做好团员青年的思想教育工作。

3．团支部宣传委员工作职责

（1）节、庆活动的宣传组织工作；

（2）各种教育活动的宣传组织工作；

（3）向校团委推荐各种宣传人才；

（4）积极组织向团刊编辑部及团委组织的征文活动投稿；

（5）按时出好黑板报；

（6）协同班宣传委员、文娱委员开展工作。

二、会议制度

1．支委会制度

（1）支委会是团支部的领导机构，团支部是在团支部书记负责下接受支委会集体领导的；

（2）团支部委员必须分工负责，团结协作；

（3）支委会必须定期召开，每月至少2次；

（4）工作计划、工作总结、各种制度及各种重大问题需经支委会讨论；

（5）支委会由团支部书记、宣传委员、组织委员组成；

（6）支委会内容必须明确，有时效性，并由组织委员作好详细纪录；

（7）支委会内容不该外传的绝不能外传。

2．组织生活制度

（1）组织生活包括团员大会、民主生活会、新团员讨论发展大会、团课及团员学习、教育、文体活动等；

（2）团员大会每期进行两次，一般学期初讨论学期工作计划，期末总结，评议一学期工作，会议内容必须先经过支委会讨论，并请示班主任，会后将结果报校团委；

（3）民主生活会每期进行两次，一般在期中由团员自己根据半期来的表现进行批评与自我批评，期末由团员自己在总结的基础上进行一次评议，会前必须通知每一位团员做好充分准备；

（4）团支部其他活动都必须经过支委会研究具体实施方案，做好充分准备；

（5）组织生活必须目的明确，内容充实、健康、活泼，既能有效地进行政治思想教育，又能适合中职学生特点；

（6）组织生活必须严格考勤，真实准确地记录团员的出勤情况，并纳入团员考核内容；

（7）每月组织生活开展情况，应及时、详细记录在案，并按期将情况反馈至校团委。

3．团小组会议制度

（1）支部全体团员应分为若干个团小组，团小组会由选举产生的团小组长主持；

（2）团小组会必须按照团支部的规定召开；

（3）团小组会内容为讨论工作、学习文件、书籍、民主评议等；

（4）会议需由指定人选作好详细记录；

（5）会议结果及时报告支委会。

4．团支委换届选举制度

（1）团支委换届选举每年进行一次，时间一般在开学时；

（2）换届选举要召开团员大会，到会团员超过半数，即可宣布开始，否则，选举应改期进行；

（3）团员大会讨论通过下届支委会候选人名单，候选人可由上届团支委、班主任推荐及自荐产生，上届团支委会总结一年工作，并交大会评议；

（4）团支部书记代表支委会总结一年工作，并交大会评议；

（5）经过民主、有效的程序进行无记名投票，当选人得票数需超过实到人数一半方为有效；

（6）选举结果及时书面报校团委审批，在校团委批复之前，仍由原任支委会主持工作。

5．接收新团员的支部大会制度

（1）会前，支委会审查"入团志愿书"填写情况；

（2）申请人向支部大会提出申请；

（3）介绍人向支部大会详细介绍被介绍人的情况；

（4）团员发言讨论；

（5）团员举手表决（此时被表决人应暂时回避）；

（6）主持人宣布支部大会表决结果；

（7）被讨论对象发言表态；

（8）团支部书记总结；

（9）报上级团委审批。

第五章　理想与信念教育

第一节　有理想,有担当

"天下兴亡,匹夫有责。"生长在机遇与挑战并存的时代,行走在民族复兴的征程上我们应胸怀怎样的理想? 家国责任应如何担当?

一、理想在心中绽放

人生因理想而精彩。要成为一个有作为、有成就、有价值的人,我们应该树立远大理想,明确人生方向,规划职业发展道路。

(一)用理想指引人生方向

理想是人们对未来事物的美好想象和希望,是对自身发展的追求,是对未来生活的憧憬。理想不是一枕黄粱,不是痴心妄想,而是人们对自身价值和人生道路的理性思考,是经过努力实现机率很大的奋斗目标。理想是人们世界观、人生观的集中体现。从某种意义上讲,理想影响着人们生活的志趣,指引着人生的方向,决定着生命的质量。

同学们正值青春年少,对未来生活有着美好的期待和憧憬。用理想指引人生方向,以社会主义核心价值观作为自己工作和生活的基本准则,我们就不会在风雨中偏离航向,就能够看到彼岸成功的曙光;坚持在理想的路上,勤学、修德、明辨、笃实,我们就能战胜艰难困苦,最终实现心中的梦想。

(二)树立一生的职业理想

职业理想是人们对未来职业的追求,包括对将来所从事的职业种类、工作性质、职业发展成就的向往。职业理想在很大程度上影响着一个人一生的职业态度和职业成就。职业理想是一个人最贴合社会、最接近实际的理想。明确清晰的职业理想,激励人们在职业发展的道路上积极进取、坚持不懈,为人们提供持久的职业发展动力。

也许我们现在对于未来从事什么职业感到茫然,其实不用担忧,因为树立职业理想是一个渐进的过程。随着年龄的增长、知识水平的提高和社会生活阅历的增加,我们的职业理想会由模糊逐渐变得清晰,对自身职业发展的认识会从茫然变为坚定,对未来职业生涯的规划也会从盲目变为理智。

没有理想信念,青春缺乏豪情;缺少职业理想,未来苍白无力。我们承载着家庭和亲人的嘱托,肩负着祖国和民族的希望,是国家经济社会建设最富朝气的生力军。热爱所学专业,锻炼专业技能,培养职业素质,树立一生的职业理想,坚定职业发展的道路,我们才能健康成长、幸福生活、成就事业、开创未来。

社会满含期待,祖国深情召唤。将信念融入血液,让理想在心中绽放,我们就能一往无前,努力实现自己的人生目标;就能在未来的职业岗位上建功立业,无愧于自己的人生,无愧于祖国,无悔于时代。

案例

冰雕达人李晓君

李晓君,上海市某职业技术学校中式烹饪专业毕业生,上海某酒店中式烹调高级技师,世界级冰雕达人。

和大多数中职学生一样,李晓君有追求、有理想。在校期间,李晓君学习食品雕刻和花色冷盘,勤学苦练,技艺精湛,逐渐崭露头角,多次在国内烹饪大赛中获得大奖。

在一次比赛现场,看到冰雕作品在刀与冰的撞击下熠熠生辉,李晓君感受到冰雕艺术非同一般的强烈震撼——"我要学冰雕!"从那时起,李晓君决定把厨艺冰雕创作作为自己的职业发展方向,梦想着在冰雕艺术世界里实现自己的价值。也是从那时起,李晓君每天利用下班时间苦练冰雕艺术创作。

执着的努力终有丰厚的回报,李晓君的冰雕作品多次在国际比赛中获奖:2010年,获得第十二届FHC国际烹饪艺术大赛冰雕银牌;2011年,参加日本东京冰雕展,获得最高料理顾问赏——伊佐武二赏;2012年,在世界厨皇争霸赛中获冰雕项目金奖;2013年,代表中国队参加法国西点世界杯,取得冰雕项目世界第二的名次。李晓君在冰雕艺术世界赢得了荣誉和赞赏,成为令人瞩目的冰雕达人。

讨论:1. 李晓君从中职学生成长为冰雕达人的故事,给了你什么启发?

2. 谈一谈你心中的理想,思考自己未来的职业发展方向。

二、家国责任担当

历史告诉我们,每个人的前途命运都与国家和民族的前途命运紧密相连。国家好,民族好,大家才会好。

(一)我们的家国责任

在社会生活的每一方面,在人生旅程的每一阶段,我们每个人都有自己的角色,都有自己的责任。孝敬老人是为人子女的责任;爱岗敬业是身为员工的责任;哺育教导是父母师长的责任;刻苦学习、掌握一技之长是中职学生的责任。扛起自己的每一份责任,尽到自己的力量,这就是担当。

艾青曾说:"为什么我的眼里常含泪水?因为我对这土地爱得深沉。"继承了先辈的血脉,我们同样心怀对祖国山河的热爱。身在全面建设小康社会的新时代,站在职业人生的新起点,我们必须知道肩头承担的家国责任。

实现中华民族伟大复兴的中国梦,需要每一个人自强不息、努力奋斗、共同担当。这就是时代赋予中国人共同的家国责任,不因身份差异、职位高低而有所区别。我们每一位中职学生也无一例外,责无旁贷。

青年学生很快就要步入社会,走向工作岗位。每个工作岗位都有自身的社会责任,希望你们坚持责任,勇敢担当,实现梦想。

案例

坚持责任,勇敢担当

航天英雄杨利伟,在飞天成功后,曾对话青年学生,鼓励青年学生要有责任和担当。

据杨利伟介绍,航天员在登舱飞天前,要接受离心机超重耐力项目的训练,训练中要承受8倍体重的重力负荷,面部会被拉变形,眼泪会不由自主往下流。为了防止在训练过程中出现意外,要求航天员一手拿着操作器一手拿着报警器进行训练。航天员一旦感觉身体承受不住。可以按下报警器请求停止训练。

"15年来,我们国家所有的航天员在接受离心机项目训练时,都没有按下过报警器。大家之所以能这样,是因为每个人都知道自己肩上挑着一份责任,只有坚持这份责任,勇敢担当,才能实现梦想。"杨利伟说。

讨论:杨利伟等航天员们为实现中国人的飞天梦,坚持责任,勇敢担当。请结合自身实际,谈一谈自己对责任担当的理解和打算。

(二)我们何以担当

当前,各行各业的劳动者正努力奋斗在全面建成小康社会、实现民族复兴的征程上。在这滚滚历史洪流中,我们如何担当家国责任?

把家庭和社会的期望记在心上,把个人梦与中国梦紧密结合,坚定信念,明确职业志向,刻苦学习,锤炼技术技能,磨砺品格,增强责任意识,勇敢地扛起家国责任,努力成长为民族复兴路上的光荣建设者。这才是我们的正确选择和应有的立场。

如果抱怨社会、逃避现实、消极懒惰、虚掷时光,理想就只会是空中楼阁,三年中职生活也会一晃而过而一无所获。如此,我们不仅不能创造和拥有幸福人生,更无法担当家国责任。

第二节 脚踏实地 成就人生

一、我们赶上了好时代

当今世界正处在大发展、大变革、大调整时期。我国经济高速发展,经济总量已经跃居世界第二,我们现在比历史上的任何时期都更加充满机遇和挑战,中华民族伟大复兴的中国梦激励着无数中华儿女奋勇向前。建设人力资源强国和创新型国家,从"制造大国"到"制造强国"的转变,急需大批高素质劳动者和技术技能人才。大变革时期新兴行业不断涌现,为我们自谋职业、自主创业、自主就业提供了广阔的舞台。

战术兴国,实干兴邦。"纵有家产万贯,不如薄技在身。"拥有了技术技能,就拥了安身立命、报国安邦之本。紧随时代步伐、刻苦学习、努力拼搏,才能学有所成、梦想成真、成就不平凡的业绩。

二、脚踏实地,努力有为

千里之行,始于足下。无论你是在企业从事技术技能还是在服务行业从事公共服务类工作,或者是自主择业、自主创业,只要脚踏实地,就一定会有所作为。

(一)磨砺技能,投身事业

技能型人才在提高企业竞争力、推动技术创新和科技成果转化等方面担当重要责任,发挥着越来越重要的作用。掌握一门技能,成为高技能人才,不可能一蹴而就,需要我们脚踏实地、步步登高。

案例

不断攀高的"焊痴"

1998年9月,秦毅从某技校焊接与装配专业毕业后,就职于沪东中华造船集团有限公司。这位"80后",不管是酷暑严寒还是日晒雨淋,总是拿着一把焊枪勤学苦练。为了学好技术,他常常连续几个小时埋头练习,直到焊枪烫得握不住才罢休。秦毅吃饭时也会拿着筷子模仿焊条在空中比划,"焊痴"一名由此而来。

秦毅在熟练掌握焊接技术的基础上,不断地钻研与追求,在实际操作中提高焊接本领,开创了一套独特的仰板焊接方法。参加全国比赛,秦毅一路过关斩将获得了不少荣誉。面对荣誉的接踵而至与焊接技术的不断提升,秦毅并没有居功自傲,而是加倍做难、险、急的焊接任务,他也是集团内获得由权威认证机构法国 GTT 公司颁发的殷瓦焊接 G 证的第一人。

从一名普通技校毕业生成长为高级技师和"全国技术能手",秦毅这一路走来,留下的是一串串坚实的脚印!汗水与焊花让秦毅的青春无比动人!

讨论:"焊痴"的成长之路给我们什么启示?

(二)平凡岗位,大有可为

岗位无贵贱,平凡的岗位也可以做出不平凡的业绩。把简单的事情做好就是不简单,把平凡的事情做好就是不平凡。

案例

公交线上的亮丽风景

毕业于某中职学校的李素丽,在工作岗位上,以热情周到的服务接待每一位乘客,使他们倍感亲切和舒心。为了使不同乘客都能感受到古城人民的热情和公交乘务的魅力,她利用业余时间到民生百货大楼观摩学习全国劳模郭凤莲的日常服务;走街串巷牢记沿线的地理环境、名胜古迹及相关典故;学习心理学、语言交流技巧、各地方言、哑语及英语;苦练售票技术。在李某从事乘务员工作期间,她总是从严要求自己,狠抓基本功的练习,多次在公司乘务员技术比赛中夺冠,连续获得"特级乘秀员"称号。

李素丽走上管理岗位后,服务社会的方式变为通过服务大家来服务社会,她深感自己的差距与不足,诚心向老同志学习管理技巧,积极参加各项培训,并将自己在服务工作中的心得体会与职工一起交流学习,教育职工如何搞好服务、如何做一名合格的公交人。李某现为某市公交巴士股份有限公司二车队路长。经过自身不断的努力,她从一名普通的电车乘务员逐步成长为全国"五一劳动奖章"获得者,省、市劳动模范,省人大代表,并受到党和国家领导人的亲切接见。

(三)自主创业,创造财富

自主择业、创业是就业的一种方式。随着我国经济社会的发展,我们每个人都有了更多的选择工作和生活的机会。自主创业越来越成为时代发展的潮流。大众创业成为一种"新常态",政府在税收、工商注册、信贷等方面出台了许多支持创业的优惠政策;社会各界也积极扶持。自主创业迎来了好时机。越来越多的中职毕业生依靠自己的智慧和技术技能开展创业活动,当起了网店店主,开起了汽车维修店……实现了人生价值,为社会创造了财富。

案例

王某的"设计"人生

王某,男,某工商管理学校广告与装潢设计专业毕业生,当过广告业务员、普通设计师。2010年成立工作室,开始自主创业。

在工作中不断学习

尚未毕业,王某便遭遇家庭变故。他主动挑起家庭重担,顶岗实习时到一家小广告公司做业务员,白天跑业务,晚上苦练专业技能。毕业后,为了更好地提高设计本领,他去了另外一家专业设计公司,成为一名设计员。他勤学好问,主动跟着师傅学习制作工艺,寻求全面发展。凭着学到的技术技能,王某又应聘到一家广告公司,成为一名设计师。工作中,王某认真负责,常常与客户反复沟通设计方案,客户非常满意。很快王某便在同行中脱颖而出。

在独立中成长

2009年,王某所在的公司开始在国内其他城市设立分公司,王某向公司申请外派。由于已经具备了丰富的设计经验,工作能力强,半年后王某便升任设计部经理。

2010年,为照顾年迈的父母,王某毅然决定回到家乡自主创业,成立了自己的工作室。为减少开支,他既当业务员又当设计师,经常一天只休息四五个小时。功夫不负有心人,凭着自己的打拼,王某工作室的订单纷至沓来,年收入达40余万元。王某走出了一条成功的自主创业之路。

三、创新创造 成就精彩

创新是经济社会发展的不熄引擎。新技术、新发明、新产品影响和改变着人们的生活,推动着经济发展、社会进步。万众创新成为时代的新要求。一批批新生力量勇于创新,在不断追寻人生梦想的旅途中,实现着自己的精彩人生。

(一)创新源于实践

创新源于探索与实践。人类正是凭着不断探索和实践,才推动着我们的社会文明不断走向辉煌。只要做个有心人,勇于实践、勤于动手,中职生一样能创造出属于自己的辉煌。

案例

"理实一体化"课桌，实现"一张课桌，三种课堂"

某中职学校二年级学生康某，根据"理实一体化"（即理论教学与实践教学内容的一体化）教学模式中教学模式中教学场所也要一体化的需要，结合自己所学的机械制造专业，在校期间发明"理实一体化"课桌，实现"一张课桌，三种课堂"，获得第六届职业院校机械创新设计大赛二等奖。

（二）创新源于细节

创新大多是从不起眼的细节开始。人类的许多发明创造源于对一些细节的改进完善，所谓"细节决定成败"就是这个道理。当然，拥有必备的知识、先进的理论和解决各种实际问题的本领与高超技能，也是创新必不可少的。

案例

历时 22 个月，金点子终成好产品

2009 级机电技术应用专业的学生卓某和顾某，在坐公交车上学、放学时，经常会看到站台上聚集了很多候车乘客，当公交车进站停车后，有时会因为没有对上号而无人上，而有时情况则完全相反。两位细心的同学开始思考，有没有一种办法能够解决这一问题，可不可以设计一种装置，让司机提前了解站台候车乘客的情况。在与指导老师交换意见后，老师肯定这是一个具有很强操作性、广泛适用性的创意。

万事开头难，经过两个月的反复设计和实验，卓某和顾某终于定下了最后的实施方案——通过红外线感应器不间断扫描，反馈正确的候车信息。

接下来的时间里，两位同学深感所学知识的不足。创新发明涉及电工学、数字电路、传感器、信息处理技术、机电设备布局等知识，真是书到用时方恨少，趁着放暑假，画图纸、买材料、锯木头、接电线……他们一边学习，一边研究，一边实验。两个月后，一台木制的"智能站台候车指示装置"模型终于制作完成。同年9 月，该发明便首次登上全国发明展览。但由于外观、材质、技术等多方面原因，该装置最终未能入围决赛。

首战失利，两位同学毫不气馁，在老师的指导下，他们又花了近一个月的时间，对装置的外观与技术做了进一步的改进：原本的木结构改成了不锈钢材质，传统的人工翻牌则被数码管取代，使得新装置外形更美观、运行效果更理想。

2011 年 7 月，一个长 65 厘米、宽 20 厘米、高 30 厘米、焕然一新的"智能站台候车指示装置"在全国中小学信息技术创新与实践活动（NOC）中入围决赛，并

在"发明创新"类比赛中斩获一等奖。

　　创新是一个民族进步的灵魂。建设创新型国家、全面建设小康社会、实现中华民族伟大复兴的中国梦需要大批创新型人才。做一个脚踏实地的人,做一个勇于创新的人,做一个开拓进取的人,才能在时代潮流中实现理想、实现愿望,奏响人生的美妙乐章。

第六章　感恩与励志教育

第一节　学会感恩

曾经感动于陌生人善意的微笑,感动于老师鼓励的眼神,感动于朋友真诚的祝福;也曾经感动于一抹曙光、一片绿叶、一颗露珠、一泓清泉。总之,感恩之心无处不在。体验感恩,使我们的心灵变得纯净,情操得以升华。

一、读懂感恩

案例

滴水之恩涌泉相报

1993 年, 17 岁的何荣峰和另外两个伙伴从四川老家到浙江打工,结果钱包被偷,连续几天没吃没喝。身无分文的他们在扬庄村求一家小饭店的员工戴杏芬给一碗饭吃。戴杏芬不仅给了他们饭菜,还留他们住宿了一晚。第二天早上戴杏芬给他们每人 10 元钱车费和干粮,送他们去其他地方找工作,并鼓励他们好好生活。

多年后,事业有成的何荣峰一直没有忘记戴杏芬当年的帮助,四处寻找恩人。2013 年他终于找到了戴杏芬,并两次赠送百万支票给戴杏芬,但都被婉拒。戴杏芬与何荣峰的施恩不图报及滴水之恩涌泉相报的故事让人们感受到了温暖。网友们感叹:"做好人始终都是好的!"

感恩之情为生命带来温暖和希望,为社会带来文明和进步;感恩是人类的美好情怀。自古以来。中华民族就有"滴水之恩,当涌泉相报"的感恩精神:清明节是中华民族祭祖、感恩的节日,中秋节是家人团圆、感谢收获的节日。世界各民族也都有各式各样的感恩习俗。

感恩是源远流长的文化传统。人们传颂着感恩的美德,也在传承着感恩的历史文化。

二、感受恩情

朝霞捧出了黎明,大地哺育了生灵,父母赐予我们生命,生活赠予人间真情。我们从呱呱坠地到长大成人,每时每刻都在享受着父母、他人的关爱和大自然的滋养。不管直接、间接,无论有形、无形,对世间的人和事物所给予自己的点滴关心与帮助,我们都应铭记在心。

(一)感恩父母

从我们来到这个世界,经历天真烂漫的童年、少年,直到自食其力的成年,父母用浓浓的爱和无尽的心血陪伴我们成长。或许有时我们对父母的唠叨感到厌烦,或许对他们外出打工无法照顾自己不能完全理解……其实,试着走进父母的内心,你就会发现父母对我们深深的爱。

(二)感恩老师

从蒙学初开的小学生到求知若渴的少年,是老师领我们徜徉在知识海洋;从一无所知的过去到现在的初知事理、学习一技之长,老师为我们付出了大量的心血。或许,有时我们对老师的苦口婆心感到不满,有时对老师的态度心存芥蒂……请你听一听老师的肺腑之言,静静想想,你会感受到老师对你的好。

(三)感恩祖国

祖国是每一位炎黄子孙的根。她美丽富饶的国土、博大灿烂的文明,让中华儿女充满自豪。有国家,才有我们的安身立命之所;她的快速发展、繁荣富强,让我们生活得安宁幸福、有尊严。

作为中职学生,我们切身感受到国家和社会对职业教育的重视与支持。近年来,国家加快发展职业教育,实施了一系列中职教育资助政策,这些都为我们成长成才创造了良好条件。

案例

来自农村家庭的三胞胎姐妹,初中毕业后由于家庭贫困无法读书。在快要放弃读书梦时,受益于国家对中职生的资助政策,她们来到成都某职业高中继续学业。后来又顺利考取了某高职院校的航空服务专业。2015 年 1 月,三姐妹被新加坡某文化公司录取,人生翻开了新篇章。她们感慨地说:"回首这几年的历程,如果没有国家的资助政策,我们早就踏上了打工的路;如果没有学校这片适合我们生长的土壤,我们不会这样阳光、快乐、自信……"

三、感恩践行动

我们无时不享受着别人的付出和劳动。"知恩图报",把孝心呈给父母,把关心送给他人,把爱心献给社会,把忠心留给祖国,是我们的应有之义。

感恩是一种美德,是一种生活态度,也是做人的基本修养。当人心存善念和感恩之情时,往往会表现出更多的良好情绪。学会感恩,将使我们走向幸福和成功。

人间真情需要传承。我们铭记得到的爱,并将爱播撒四方,这爱心接力棒就会永续传递,世界将会变得更加美好。

第二节　励志教育

案例

总有一个梦想能在现实中开花

他出生在意大利的一个农民家庭,父亲每天冒险骑马登上高高的雪山,采下大块冰,运到城里卖给富家大户,挣得几个小钱,维持一家人的生活。在他上小学,甚至是中学时,他常被同学恶意嘲谑为"窝囊废",这些中伤的话严重地刺伤了一颗少年的心,所以,从小他就体会到贫穷带来的艰难与屈辱。在中学阶段的后期,他曾参加过校内戏剧演出,从那时起,他就对舞台产生了兴趣。他梦想自己将来能成为一名出色的舞蹈演员,在舞台上尽情展示舞姿。为此,16岁那年,他毅然做出了一个大胆的决定——退学,一个人独自跑到当时的大都市巴黎,希望自己能在这个时尚大舞台上用脚尖旋转出精彩人生。

可是,这座高傲的城市根本不屑瞧这个穷小子一眼,别说学习舞蹈的高昂学费了,就连满足生活的基本需求都成了问题。他没有别的特长,只有从小跟着父母学到的一点裁缝技术。凭着这个手艺,他在一家裁缝店找到了一份每天要做十多个小时的工作。就这样做了几个月,他的心情越来越低落、颓废。他不知道自己在这个裁缝店要干多久,不知道自己什么时候才能登上梦中的舞台。他苦闷自己的理想无法实现,他认为与其这样痛苦地活着,还不如早早结束自己的生命。

就在他准备自杀的当晚,他突然想起了自己从小就崇拜的有着"芭蕾音乐之父"美誉的布德里,他决定给布德里写一封信,讲述自己的梦想遭现实阻挠无法实现的困惑。在信的最后,他写道,如果布德里不肯收他这个学生,他便为艺术献身跳河自尽。很快,他便收到了布德里的回信。谁知,布德里并没提收他做学生的事,而是讲了他自己的人生经历。布德里说他小时候很想当科学家,也想当飞行员,还想成为一名牧师,但因为家境贫穷父母无法送他上学,他只得跟一个街头艺人过起了卖唱的生活……最后,他说,人生在世,现实与梦想总是有一定的距离,在梦想与现实生活中,人首先要选择生存,一个连自己的生命都不珍惜的人,是不配谈艺术的……

布德里的回信让他幡然醒悟,后来,他努力学习缝纫技术,并应聘于一家名叫"帕坎"的时装店。凭着勤奋和聪慧,他的服装设计技术提高得很快。为了进一步开阔视野,他又投奔由著名时装设计大师迪奥尔开设的"新貌"时装店。在这里,他增长了见识,积累了领导时装潮流的设计心得和体会,他的设计水平也得到了提高。这一年,著名艺术家让·科托克拍摄先锋影片《美女与野兽》,邀请他设计服装。他为法国著名演员让·马雷设计了12套服装,影片公映后,他设计的服装惊动了巴黎,美誉如潮。

那年,他23岁,在巴黎开始了自己的时装事业,建立了自己的公司和服装品牌。他追求独特的个性,大胆突破,设计了时代感非常强烈的"P"字牌服装,赢得了挑剔的巴黎顾客的青睐。演艺界名流、社会上层人士、达官贵人等争相慕名前来订制服装。

他就是皮尔·卡丹。

如今,皮尔·卡丹成了令人瞩目的亿万富翁,以他的名字命名的产品也遍及世界,皮尔·卡丹成了服装界的成功典范。人的一生可能有很多梦想,当一个梦想因现实的阻挠而无法实现时,就应该勇敢地调整梦想的方向。世界是一个大舞台,生旦净末丑都是重要的角色,只要你脚踏实地把握梦想的方向,那么,总有一个梦想能在现实中开花,让你获得华美的人生!

励志是一门学问。励志,不仅能激活一个人的财富欲望,更要激活一个人的生命能量,唤醒一个人的创造热情。失去创造力,是一个人乃至一个民族最大的悲哀。而励志,便是让一个人重新焕发出这种力量。励志,并不是让弱者取代另一个人成为强者,而是让一个弱者能与强者比肩,拥有实力相当的生命力和创造力。励志,即是唤醒一个人的内在创造力。唯有从内心深处展开的力量,用心灵体验总结出的精华,才是一个人真正获得尊严和自信的途径。

一、我成功因为我志在成功

成功者之所以成功,得益于志存高远。人生路上,有阳光明媚的清晨,也有雾霭弥漫的傍晚;有大雨滂沱的冲刷,也有阴雨绵绵的滋润。交织着忽高忽低之情境的人生才精彩,更能历练一个人的意志和灵魂。信念坚定、志在成功者,才能专注人生奋斗的脚步,而不是左顾右盼于人生的困境。

当今社会竞争激烈,唯有真正的强者才能经得起社会风雨的洗礼,而实力就来自于一个人的志向,"我成功因为我志在成功",燕雀与鸿鹄的人生高度不一,所以它无法明白后者的志向。立长志,而不是常立志。立长志的人才能为未来奋斗,抛开困难向前冲,直达成功的彼岸。

"有志者事竟成,卧薪尝胆,三千越甲可吞吴",这就是越王勾践的志向,卧薪尝胆对于他来说,并不是困难,因为志在复国;诺贝尔在研制炸药时,一次意外的爆炸让他的亲人离他而去,他没有放弃,因为他志在人类和平。他们都成功了,即使在困难重重的时刻,因为他们有着明确的志向与坚定的信念,终获成功。

案例

从前,有个年轻人,总是希望自己能事业成功,成为众人瞩目的对象,可是他平时却总是三天打鱼两天晒网,没有一个明确的人生目标。他的父亲发现了儿子的弊病。

有一次,他要在房间里钉一幅画,请父亲来帮忙。画已经在墙上扶好,正准备钉钉子,他突然说:"这样不好,最好钉两个木块,把画挂上面。"父亲遵循他的意见,让他帮着去找木块。

木块很快找来了,正要钉,他说:"等一等,木块有点大,最好能锯掉点。"于是便四处去找锯子。找来锯子,还没有锯两下,"不行,这锯子太钝,"他说,"得磨一磨。"

他拿来锉刀,又发现锉刀没有把柄。为了给锉刀安把柄,他又去屋后边的一个灌木丛里寻找小树。要砍下小树,他又发现那把生满老锈的斧头实在是不能用。他又找来磨刀石,可为了固定住磨刀石,必须得制作几根固定磨刀石的木条。为此他又让父亲去找一位木匠。

这时候,他的父亲说:"孩子,你这样永远挂不上一幅画,就像总是成天说自己要成功一样,怎么样才是成功呢? 一个人只有立长志,然后为自己的志向奋斗,才会离成功越来越近,最终实现自己的梦想,你连自己到底要做什么都不知道,哪里谈得上成功呢?"

年轻人经过父亲的这般教诲终于醒悟过来,自那以后,他立志做一名画家,为了实现这个梦想,他在山上向一位画坛名人求教数年,勤学苦练,终于成为了当地出名的画家。

空谈理想者绝不会成功,他们只会高喊着成功的口号,却不知道自己的目标在哪里,这是一种悲哀。所以,年轻人要想成功,就必须立志,只有了解人生的航向到底在何方,才谈得上奋斗和努力。

有志者,必当有坚定的信念,即使遭遇逆境和困难,也无法阻挡他们奋斗的决心,正如唐代诗人王勃的那句"穷且益坚,不坠青云之志"。

古之成大事者,不仅有超世之才,亦必有坚韧不拔之志。逆境中,他们的重心是为目标奋斗,而不是愁苦眼前的困难,困难只是成功路上的风景,本末倒置就会陷入泥潭,不能自拔,最终与成功无缘。

案例

物理学大师牛顿,出生在英国的一个村庄。在他刚刚出生2个月时,父亲就去世了,留下孤儿寡母艰难地生活着。牛顿2岁时,母亲改嫁给了一个非常刻薄的单身汉,他不肯收留牛顿这个"拖油瓶",母亲无奈只好把小牛顿托付给年老的外婆。从此,祖孙俩艰难度日。外婆对这个可怜的小外孙很关爱,后来还送他进小学读书。当牛顿长到14岁时,继父又因病去世。母亲带着3个孩子回到外婆家。继父没有留下什么财产,全家人的生活更加艰难。为了生计,母亲不得不叫牛顿停止读书,在家操持家务,种田放牛。牛顿很体谅母亲的难处,但他不肯放弃求知,于是他坚持刻苦学习,千方百计挤出时间读书,外出放牛羊也带着书本,有时看书入迷,牛羊跑到地里吃了许多庄稼,甚至跑到很远的地方去了,他也毫无察觉。他这种好学精神感动了舅父,在舅父的劝导下,母亲总算同意牛顿回到学校读书,由于成绩优良,牛顿提早中学毕业,18岁考入英国剑桥大学,就此走上了他的成才之路。

成大事者,必然有超人的斗志,能成功因为志在成功,而不是把目光放在奋斗道路的小插曲上。当然,成功的前提是要有明确的目标,然后为之奋斗。所以,年轻人应做个有志者,立长志,不要太在意奋斗路上的困难,放开困难的羁绊,然后奋力拼搏。天行健,君子以自强不息,志在成功,才能自强,才能有不息的奋斗精神。

二、如果要飞得高,就该把地平线忘掉

但凡那些躺在自己成功的温床上享受成功带来的愉悦的人,终究会成为失败的殉葬品;而那些不忘继续奋斗的人则能稳稳当当地走好成功人生的每一步。

我们的人生就如同蓝天中自由翱翔的鸟儿,只有把地平线忘掉,才能飞得高。人在成长的过程中只有放下昨天的荣耀,才能看得清前面的路。满招损,谦受益,骄傲自满的人更容易迷失自我;而谦虚者会经常发现自己的不足,从而不断地进取。

不要因为眼前的一点点成就而迷失了自我,沾沾自喜往往是失败的开始。历史上无数成功和失败的例子告诉我们谦虚的益处和骄傲的弊端,即使是天才,也会因为不进取而江郎才尽。

三、要为成功找方法，莫为失败找理由

成功者永远不认为没有方法，只是这些办法还没有找到，或者时机还没有成熟。

纵观古今，成功的人总是在为成功找方法：没有钱就贷款，积压太多就找销路；销售不好就做宣传。而失败的人总是寻找退缩的理由：做这个肯定不赚钱；做那个肯定要亏本；家庭负担太重，不能离开工作；要有一份固定收入才会放心。

二十多岁的年轻人，可能会说，我家在农村，既没有祖业，又没有人脉关系，工作都是自己好不容易找到的，要想成功谈何容易？

事实证明，那些想要成功且又有方法的人，做事总是特别顺利，也特别容易达到目标。而那些认定命运是上天注定，做成一件事会有千万种困难，遇到挫折就怨天尤人的人，他们的道路往往坎坷，做事也不容易成功。这是因为这种人把做事的困难扩大化了，认为这种困难自己不能逾越，所以，他往往在原地徘徊，不能超越自己。而那些自信的人，则认为事情没有自己想的那么复杂、那么困难，只要练习一段时间，或者仔细寻找规律，细细观察就会有应付一切情况的办法，而且这些办法能够被运用自如。

案例

西班牙航海家哥伦布功成名就以后，受到西班牙王室的尊重。一次，西班牙国王邀请哥伦布参加一个重要聚会，那些贵族夫人们却有些不服气，等到哥伦布到来时，冷嘲热讽地说，美洲大陆又不是哥伦布所创造，他不过是发现者而已，每一个去航行的人，都能够去发现那块大陆，有什么了不起。哥伦布没有反驳他们，而是拿过一个鸡蛋，要求他们把鸡蛋立在盘子上，结果他们中没有一个人能做到。哥伦布拿起鸡蛋，磕了一下，鸡蛋立刻就立住了。夫人们不服气地说："你没有说鸡蛋可以磕破。"哥伦布回答："我也没有说不可以，每个人都可以用这样的方式把鸡蛋立在盘子上，这很简单，问题是，我是第一个想到这个方法的人。他们只会为不能而找理由，我却能够找到方法。这就是我为什么发现了新大陆，而不是别人。"

世界上没有什么东西为我们的成功要使用哪种方法而划定界限，我们只不过常常局限在自己的想法之中，不能够找到正确、简单的方法。命运之船在未知的旅途中航行时，重要的不是彼岸离我们有多远，而是我们有没有到达彼岸的决心、勇气和智慧。

只要我们拥有了这些，我们就一定能找到成功的方法。而那些不断为失败找理由的人，只会不断失败。一个问题就能改变一个企业的命运，一个方法就能

够改变人的一生。只要我们善于找到问题所在，就能够找到解决它的方法，从而一步步获得成功。

有时候，我们只知道有问题，却不知道问题究竟出在哪里，从而找不到解决的方法。因此，成功的第一步就是让自己找到问题的症结所在，然后根据症结，想出解决的方法。只要向自己多提几个问题，找到它的答案，我们就会找到问题解决的方法。因此，遇到成败这样的大问题时，我们一定不能只想到借口，而要思考怎样才能成功。

其实，失败本身并不可怕，真正可怕的是将失败的原因归结到别人或者外部条件上，千错万错都不是自己的错，自己只不过是运气不好，或者是时机不对。这些人没有从失败中吸取经验教训，没有从自身找原因，用借口不断原谅自己，敷衍别人，从而失去了承认错误的勇气，同时也失去了进步的理由和动力。失败的借口让我们无法突破和克服自己的弱点，导致我们不断失败。而只有承认自己的不足，并找方法去弥补缺点，取得进步，才能不断超越自己，达到成功。

无论我们遇到什么状况，最先想到的应该是积极地想办法解决。在人生的道路上，所有人都会遇到各种各样的考验，成功的人善于不断找到解决它们的方法。我们也要像他们一样养成不推诿、积极找方法的习惯，这样才能获得成功。

第七章　学习观念与方法教育

第一节　崭新的学习生活

当进入职业学校接受职业教育时,学生将会面对与初中、高中不一样的教学特点;不一样的教学内容;不一样的教学方法;不一样的教学评价。面对崭新的学习生活,刚进入职业学校学习的学生会出现不适应现象,如:感觉学校管理太松,学习不了多少东西等,我们必须学会适应,具有"落地生根,生根发芽,发芽结果"之能,只要我们潜心学习,努力提高自己专业能力,学习专业知识,掌握专业技能,发展个人爱好,就会为自己一生的发展打下良好的基础。

一、独特的学习——面向未来的职业和就业

职业教育学习与初高中学习不同,其独特之处就在于,初高中的学习是为升学夯实基础的学习,而职业教育的学习是为现代企业培养"企业人"的学习,作为一个"企业人",不仅要求从业人员具有较强的学习意愿、良好的职业道德和团队精神,更需要其具有较强的职业能力,丰富的专业知识和扎实的专业技能。作为未来的从业者,我们在校的学习,必须以职业和就业岗位的需求标准为内容,通过学习专业知识和训练专业技能,提高自己的综合素养,以适应岗位的需求。

案例

2014 年 5 月,新乡市某职业学校组织了一场招聘会,其中一家公司准备招聘一名会计,其招聘条件是:

(1)财务、会计专业中专以上学历,持有会计从业资格证;

(2)有财务会计工作经历者优先;

(3)能熟练地使用 Word、Excel 等办公软件;

(4)熟悉会计报表的处理、会计法规和税法,能熟练使用财务软件;

(5)具有良好的学习能力、独立工作能力和财务分析能力;

(6)工作细致,责任感强,有良好的沟通能力、团队精神。

讨论:

如果你是财会专业的学生,要想成功应聘这一职位,除了要取得相应的学历外,还应该具备哪些条件?从事财会工作的人员应该具备哪些基本的素质?

通过上面的案例,我们可以看出,职业教育的学习必须是面向未来的职业和就业,否则不要说成为高水平的"企业人",就连就业也很难进其门。

二、独特的学习内容——提高职业能力和职业素养

面临全新的学习生活,"学什么?与以前的学习内容一样吗?"这些都是大家迫切想了解和关心的问题。其实很好了解,职业教育的学习内容具有其独特性——提高职业能力和职业素养。它与初高中的学习内容不同,初高中的学习内容,是让学生获得系统的基础知识、基本技能和初步的能力,培养学生德、智、体、美等全面发展为主。而职业教育的学习将以职业能力的培养为中心,通过学习公共基础课程和专业技能课程,提高职业能力,增强职业素养为主。比如:学前教育专业,除学习幼儿文学、数学、物理、化学、地理、历史、音乐、美术、舞蹈、计算机应用等基础课程外,还必须学习幼儿教育学、幼儿心理学、幼儿游戏、幼儿五大领域的活动设计与指导等。这是成为合格的幼儿园教师的基础。

三、独特的学习方式——做中学,学中做

方法是否得当往往会主宰整个读书过程,它既能将你送达成功的彼岸,也能让你失败。职业教育也有自己独特的学习方式——做中学,学中做。不同于初高中的读、写、算、练、记等方式。

美国著名科学家富兰克林说过:"告诉我,我会忘记;教给我,我可能记住;让我参与,我才能学会。"职业学校的教学过程更注重任务型教学,提倡学生"做中学、学中做",知识的掌握、技能的拥有、能力的形成,都存在于实践操作活动中。有位心理学专家是这样总结职业学校的的学习过程:除学习基础过程外,还必须实践:

1.观察高水平的示范

学商务外语的同学要注意看国外的电视剧中外国人之间是如何交流的;学汽车制造与维修的同学要认真观察汽车修理师傅是怎样发现问题并进行维修的;学烹饪的同学要留心大厨们在洗、切、炒、蒸等工序中是怎样烹调出色、香、味、意、型、养俱全的美食的?

2.进行相当练习

观察仅仅是学习技能的第一步,如果只有观察而没有练习,技能只是他人的,而不可能真正成为自己的,就好像"入宝山而空归"。因此,适当的练习是学习技能的重要步骤,练习量和方式直接影响到所形成的技能的水平。

3．获得明确的反馈

获得明确的反馈，是指我们在完成一项操作后，到底哪些地方做得好，哪些地方需要改进，要听听专家和高手的意见，否则练习越多，错得越厉害。

4．在实践中修正、加深对知识的理解

案例

刘勇是烹饪专业一年级的学生。在上雕刻课时，老师先让刘勇自己雕刻，并与老师的作品进行比较，找到差距。然后老师帮助刘勇分析出现问题的原因，讲解雕刻的技巧。

最后，刘勇根据老师的讲解和要求进行雕刻。经过反复的练习，刘勇的作品在全样雕刻比赛中获得二等奖。

四、独特的评价方式——多元化评价

以岗位胜任力为导向的培养、评估、考核体系。

（一）实行综合评价和"双证书"制度

1．实行综合评价

中职学生课业成绩的评价内容，主要包括学习表现、学习能力、实践能力和考试成绩等方面。考核时，既有学生的自我评价，又有同学、任课老师、实训指导老师等的综合评价；注重结果，更注重过程，以促进我们全面发展。

2．实行"双证书"制度

中职学生毕业时既要取得学历文凭，又要取得职业资格证书。考取职业资格证书是就业准入的需要。国家规定，涉及公共安全、人身健康、生命财产安全等特定职业工种在全国范围实行就业准入制度，其从业人员必须取得相应职业资格证书。随着中国经济的飞速发展、科学技术水平的不断提高，一些原来没有规定的职业也将逐步实施职业资格证书制度，取得职业资格证书是社会发展的必然趋势。

（二）实行终结性评价与形成性评价

（1）终结性评价主要在学习结束时进行，用来评估学生是否达到用工企业的标准。

（2）形成性评价则贯穿整个培训全过程，侧重于了解阶段教学的效果和学习者学习的进展情况、存在问题等，以便及时改进。简单说，形成性评价是为了学习结果而评估，针对教和学两个方面；比如很多学生对自己的水平和问题不清楚，我们希望通过适当的评估手段，能够在学习中发现不足，再有针对性地帮同

学们改进这些不足,而不是等到出问题时才发现它们。

第二节　掌握学习方法

一、服从法

学校教师都受过专门的教学训练,教学经验丰富,他们基本上都能熟练地根据学生的实际情况,所教学课程的基本特点,根据教学大纲和每节教材的实际内容采用适合学生的教学方法,因此学生必须认真对待每一节课,掌握课堂学习方法。上课要运用多种感官认真听课,积极配合老师,以积极主动的心态参与到学习中去。

二、理论实践一体法

专业课上所讲的理论下课后要积极动手实践,巩固所学的知识,检验其是否可行的方法,这种学习方法有利于掌握所学技能和技巧。

三、反思法

孔子说:"学而不思则罔,思而不学则殆。"《中庸》中提出为学的五个阶段:博学、审问、慎思、明辨、笃行。反思指在学习的环节步骤中,以不同的形式回忆。它分为默思性反思、消化性反思和综合性反思。反思法的实质是学习知识、再思考、再巩固、再重复的学习方法。如我们可以利用本节课下课反思,也可以在晚上临睡前反思。它可以及时反馈我们学习的情况到底如何,以便我们可以及时地查漏补缺。这种方法是对知识的一种回炉提炼。

四、映象化法

映象化学习法即把想记住的材料想办法摆进一个人熟知事物的映象中,使它占据一定的位置,这样就很难遗忘了。映象化也可称为头脑中的"电视",它是根据个人的经历、见闻、故事情节自编自导、自拍成长短不同的电视片。当学习者把想要学习的知识放进这个头脑中的"电视"的时候,这些知识往往就很难遗忘了。如背古诗词、背操作程序等,就可以套用熟悉的歌曲的旋律来帮助记忆。

五、发现法

即通过学习者的独立学习,独立思考,自行发现知识,掌握原理原则,是美国著名心理学家布鲁纳所倡导的一种学习方法。他认为发现就是发现以前未曾认识各种关系法则的正确性和各种观念之间的类似,以及伴随而来的对自身能力的自信。

六、归纳总结法

每当学完一章内容之后,我们可以把这一章中各小节的知识联系起来,归纳整理,串线织网,在脑子里形成完整的知识结构。我们可以用图表或用知识树等提纲挈领的方法把每一章的内容列出来,这样可以把书读薄。再复习时,可以对照这个纲,然后再把书念厚。归纳总结时要善于找各知识点间的内在联系,而且要注意抓重点,将次要的东西简化甚至取消。如在复习《旅游心理学》中"旅游服务心理"时,就可以用归纳总结法,抓住旅游者在前台、餐厅、旅游商场的一般心理和服务员接待旅游者应采取的接待技巧为主线,把这一章内容有机统一起来进行复习。

七、过度学习法

什么是过度学习呢?若我们学习某项内容时间不足,就不能对绝大部分内容进行正确回忆,这种情况称为"学习不足";如果你对学习内容已能全部正确回忆,但仍然在继续学习,这就是"过度学习"。过度学习又称过剩学习,就是在对材料全部学会之后,再继续学习一段时间,以巩固所学知识。心理学研究表明,过度学习 $50\%\sim100\%$ 时的效果最好。如在学习英语、古诗词、背书时,如果觉得自己好像刚记下了这些知识。最好不要立即停止,不妨再巩固和熟悉一段时间,这样记忆的效果较好。过度学习仅仅是减少遗忘,但不能防止遗忘,应当把过度学习和及时复习结合起来,才能巩固记忆。

八、提纲挈领法

古人云:"举一纲而万目张。"文章的"纲"便是文章的脉络,而文章的脉络又体现着作者的写作思路。所以,背诵课文时,一定要根据作者的写作思路和行文顺序进行,由句到段,由段到篇,前勾后连,上递下接,环环紧扣,连绵不断。这样,不但背得快,而且记得牢。只要我们按照作者的写作思路和行文顺序边读边想,边想边背,背诵也就不太困难了。

九、理解记忆法

要在初步理解的基础上背诵。理解得越深,越容易记忆。背诵课文要尽量运用意义记忆,即加强理解记忆。要反对不求甚解的死读书的学习方法。背诵一篇或一段文章时,首先要通读全文,弄清文章的主旨,然后了解文章的层次,来龙去脉,掌握文章的语言特点,抓住一些起关联作用的词语和句子,通过先分析、后综合,这样背诵起来就快得多了。背诵也要因文而法,如背诵议论文,可以从分析论点、论据、论证入手;背诵记叙文,可以从了解和掌握有关事实、记叙顺序入手。

小贴士

鲁迅读书法

鲁迅(1881—1936年)是现代伟大的文学家、思想家、革命家,是无产阶级文学的奠基人之一。他一生酷爱读书,手不释卷。他在很多文章、书信中谈过自己的读书经验,还专门写了《读书杂谈》《读几本书》《随便翻翻》等文章介绍自己的读书方法。

背书法:鲁迅的背书方法与众不同,他制作了一张小巧精美的书签,上面写有"读书三到:心到眼到口到"10个工整的小楷字。他把书签夹到书里面,每读一遍就盖住书签上的一个字。读了几遍后,他就理解默诵一会儿,以加强记忆。等他把书签上的10个小楷字盖完,也就把一篇文章背下来了。

多翻法:鲁迅说,"书在手头,不管他是什么,总要拿来翻一下,或者看一遍序目,或者读几页内容"。他认为这种多翻法可以防止受某些坏书的影响和欺骗,还有开阔视野、启迪思路、增长知识等好处。

跳读法:读书遇到难点,当然应该经过钻研弄懂它。但遇到暂时无法弄懂的问题怎么办?鲁迅认为,要"跳过去,再向前进",这样,读到后面"连前面的都明白了。"读书要"先易后难",不钻牛角尖。书读多了,理解力就提高了,知识面就扩大了,先前不懂的疑问就会迎刃而解了。

设问法:鲁迅先生读书,爱向自己提出问题。他拿到一本书,先大体了解一下书的内容,给自己提出一大堆问题。例如:书上写的什么?怎么写的?为什么要这样写?自己对这个题目又想怎么写?等等。鲁迅认为,带着这些问题再去细读,效果会更好些,这样边读边问,逐渐深入,就能很有实效地读书。

博览法:鲁迅认为,读书"须如蜜蜂一样,采集过许多花,这才能酿出蜜来,倘若叮在一起,所得就非常有限,就枯燥了。"鲁迅先生在精读时,又主张博览群书。他在年轻时,除规定的功课之外,天文地理,花鸟鱼虫,无不一懂。鲁迅先生说:"爱看书的青年,大可以看看本份以外的书……即使和本专业毫不相干的,也要泛览。"这样做,与读书要有针对性并不矛盾,因为"看看别人在那里研究的究竟是怎么一回事。这样子,对于别人、别事,可以有更深的了解。"

剪报法:鲁迅先生在治学中,非常重视资料的积累,剪报就是他积累的一种方法。鲁迅的剪报册贴得很整齐,分类很严格,每页上都有他简要的亲笔批注。鲁迅曾利用这些剪报写过不少犀利的杂文,鲁迅还用剪报编选过一部《萧伯纳在上海》的书,该书的封面也是先生用各种剪报图案画拼成的。剪报的确有益于学习与写作。鲁迅先生曾经说过:"无论什么事如果继续收集资料,积之十年,总可成一学者。"

第三节　培养自学能力

一、自学的重要性

在知识激增、信息量猛涨、竞争加剧、科学技术日新月异的今天,人类知识的总量在不断增加,人们要适应不断发展变化的新生活,唯一的途径就是自学。因此,联合国教科文组织在关于生存的主题报告中警呼:"未来的文盲,不是不识字的人,而是不会学习的人。"任何人也不可能在校内学到"完备"的知识,更何况学过的知识会不断地老化,这就需要学生在校期间主动掌握"捕鱼"的方法或掌握"点金术",成功地培养自己的自学能力。

自学是获取知识的重要途径,也是创造力的源泉。一个人即使没有上过大学,但如果他有自学的习惯和自学的能力,那么,他将来在工作上的成就绝不会比大学毕业生差。相反,一个人即使读过大学,甚至留过洋,拜过名师,但如果他没有学会自学,没有自己刻苦钻研的习惯,那么,他便只会在老师所划定的圈子里转来转去,知识领域难以扩大,更不要说科学研究上的有所发明、有所创造了。这是因为,任何发明创造都是搞人家没有搞过的东西,走人家没有走过的路。谁能告诉你走哪条路呢?只有靠自己去摸索,去学习,去不断更新知识。一个人要有所建树离不开自学,自学也的确使很多人获得了成功。古今中外的思想家、科学家、文学家、政治家、军事家,没有经过或很少经过正规学校训练,主要通过自学而做出卓越成就的,简直难以计数。

小贴士

我国最著名的数学家华罗庚,出身于江苏金坛县一个贫苦家庭,小时候书念得并不十分好,邻居们讥笑他是"罗呆子"。因为家庭生活困难,他没能念完中学,就回家帮助父亲操持生计,后来还生了一场大病,残了腿。但他刻苦自学,后来得到了数学界老前辈熊庆来先生的器重,推荐他进了清华大学当校工。他通过勤奋攻读,考取官费留学,到英国著名的剑桥大学深造,最后终于获得了成功。

　　世界发明大王爱迪生,生来身子骨单薄,8岁才正式上学念书。读了3个月的书,因为学习成绩不好,被老师称作"糊涂虫",从此辍学回家,由母亲教他读书识字。母亲发现他对物理、化学特别喜爱,就给他买来了《派克科学读本》。于是,爱迪生把书上讲的道理一条一条地搬下来亲手试验。他在自家的地下室里开辟了一个小天地,既当仓库,又当实验室。实验越搞越多,而家里的日子又过得窘迫,满足不了爱迪生做实验对钱的需要,爱迪生12岁就到火车上去卖报纸和糖果,同时,又天天去底特律图书馆看书,不断充实自己。21岁时便研制了二重发报机,并获得了"投票记录机"发明专利。22岁时同别人合伙创办了鲍普爱迪生公司。从此,他走上了发明创造之路,走上了一条成功之路,走上了光辉的人生之路。

　　19世纪自然科学三大发现之一——进化论的创始人达尔文,说自己所获得的任何有价值的知识都来自于自学。蒸汽机、火车、轮船、飞机,无一例外都是自学发明的。

　　自学能力是一种综合性的学习能力,它不仅对学生在校期间的学习具有重要意义,而且对学生走出校门后的继续学习,乃至终身学习,都是不可缺少的一种社会生存能力。学生的自学能力包括:①知识信息的获取、整合能力;②运用知识信息分析问题、解决问题的能力;③正确应用学习策略的能力;④掌握现代化信息技术和学习工具的能力;⑤学习中与人交流、合作的能力等。

　　中职教育期间,学生学好专业知识固然重要,但更重要的还是要学习思考的方法,培养举一反三的能力,培养自己的自学能力,只有这样,毕业后才能适应瞬息万变的未来世界。到了这个阶段,老师不会像中学老师那样一次又一次重复每一课里的关键内容,而是充当引路人的角色,学生必须自主地学习、探索和实践。因此,每个中职生都必须加强自学能力的培养和自学习惯的养成。

二、确定自学方向的原则

　　确定自学方向,实际上是个优选法问题。方向对头,少走弯路,容易成功。确定自学方向,应该注意如下几条原则。

　　一是同步效应原则。即尽量做到专业选择与工作业务同步;奋斗目标与兴趣爱好同步;发展方向与社会需求同步。这样做容易使主观与客观相统一,产生共振。

　　二是优势积累原则。即根据社会的实际需要和自己的实际情况,确认自己的优势和长处,然后,重点发展自己的优势和长处。需要注意的是,你自己最擅长的未必就是你的优势,还要看社会现实和社会发展的实际需要。相对的高起点和优势积累,有利于短线成才。

三是"定向爆破"原则。即注意发现和选择能充分实现自我价值的"冷门"，努力奋斗，争取几年内大见成效，多年后一鸣惊人。

四是量力而行原则。自学不怕起点低，但也不要好高骛远。应该着眼长远，立足当前。争取春有耕耘，秋有收获。硕果既可给你带来喜悦，鼓舞你的斗志，又往往会改变你的境遇，使你从泥泞的土道走上柏油马路。如果不考虑自己的实际能力而选择高难课题，结果往往是望着天上的星星，却掉进了地下的坑里。这就好像用一支蜡烛去烧一壶冷水，直到蜡炬成灰泪流尽也难以沸腾。

三、自学中的"四性一创"规律

第一性：主动性。就是要充分发挥自己的主观能动作用，见缝插针，不用扬鞭自奋蹄。如果自学采取被动式态度，不实行自我约束，得过且过，学习计划就难以实现，马拉松计划就将成为"拉松"计划。因此，自学者时刻不要忘记"主动"二字。

第二性：艰苦性。如果把达到某一学识水平比作渡河的话，那么，在校生好比借助于舟楫，而自学者好比武装泅渡。自学者不仅没有专门的老师教导，而且每天还要拿出主要的精力去干与学习不相干的事，学习时间全靠自己去挤，有时甚至连一本合适的教材都搞不到。因此，有志于自学者，首先要有敢于吃苦的精神准备。

第三性：连续性。连续性不仅指所学内容要有连续性，而且在自学时间安排上也要有连续性。自学首先应该注意统筹规划，按照先易后难、由浅入深的原则安排学习内容。同时应该明白，建造知识宝塔是一项巨大而繁杂的工程，绝不是一蹴而就的事，凭三分钟热血，或者一曝十寒，是难有所成的。浅尝辄止或见异思迁也是自学之大忌。

第四性：目的性。就是学习要有明确的目的。这种目的一开始可能很单纯，目标也不太远大。随着学识水平的提高和学习成果的收获，目的将不断升华。这种目的性反过来又吸引人不断前进。

一创：自学者按照以上"四性"刻苦努力多年后，就将产生创造的冲动和创造的能力。这时应当注意由以前的以学为主转为以思为主，根据自己的特长和社会需要，找出脱颖的突破口，通过发现、发明、创造来实现自身价值。

四、在校学生培养自学能力要注意以下几点

（1）自学要有计划性。如果没有学习计划，不仅容易受到外界因素的干扰而影响自己的学习，而且没有计划的学习容易缺乏动力。所以，我们必须根据自己的能力、水平，制订出明确的学习目的和科学的学习计划。

（2）树立自主学习观。主动性是自学的基本品质，自学主要是学生自己学习，发挥自身主观能动性。如果缺乏学习的自觉性，自学也就不能成立。

（3）自学要有时间性，也就是说要有时间保证。要充分地利用好课余时间合理地自学。如课前的预习和自学，要安排在老师上课之前，如果自学中对一些问题感到困惑不解，就可以有目的地在课堂上听老师讲授此问题，或主动提出问题请老师解答，从而大大提高听课效率。课后对课堂所学问题要及时安排时间进行复习和巩固，对于不懂的东西，要通过请教老师或查阅文献图书等方法解决问题。

（4）要善于利用各种手段和资源。学校的优势是因为其具有丰富的教育资源和优秀人才。中职生获取知识的途径是非常广泛的，要善于向教授、专家和身边的同学学习、讨论，交流各种信息。

第一，要学会利用图书馆。除了每座城市的中心设有图书馆以外，各大中专院校几乎都有图书馆。到图书馆去借书、看书，不仅方便，而且便宜。书籍、杂志、报纸，音像资料，这里应有尽有。可以说，图书馆是一座知识的宝库，这里集中了全人类的科学文化遗产，这种遗产只有善于利用图书馆的人才能继承。

第二，要学会利用网络资源。如今，有利于学习的电脑软件多如繁星，各种"信息高速公路"已纷纷开通；另外，利用电脑检索、储存、提取资料、打字、改稿、计算，都十分方便快捷。这为我们学习和科研提供了无与伦比的方便条件，我们应该充分地利用这些条件。过去人们获取知识的途径主要是广播、电视、图书馆，随着国际互联网的不断发展，网络已成为当今最大的信息库，上网查询资料成为搜集资料的重要方式。

互联网连接着不可计数的电脑，所收集的信息就像浩瀚的海洋，信息可以是各方面和各种形式的内容，既有图书馆目录、产品和市场信息、政府统计数字、博物馆中的藏画、计算机软件、明星的个人档案，又有一些软件、程序，任何个人或机构只要连通互联网，就可获得各种信息，包括文本、图像、声音、动画、视频等多种形式。

互联网上的信息之多，使很多人不知从何处寻找自己所需的信息。网上资源的查询有两种方式。一是专业网站查询，特点是专业性强。例如进入中国期刊网、万方数据、维普科技信息网、数字化期刊、超星数字图书馆等专业网站和搜索引擎，只要输入关键词或句子就很快能查到与之相关的研究内容。二是一般网站查询，特点是信息资源丰富。这里也能搜索到专业的知识信息，当然更多的是非专业的知识信息。为了快速高效地找到自己需要的信息，互联网上的一些公司已经开发了许多查询工具（搜索引擎），可以用来提供所需信息的搜索，常用的搜索引擎是 Google、百度、SOHO、YaHoo！等。当你进入查询网站时，通常可以看到一个询问查询内容要求的文本框,只要输入一两个关键词或词组,然后按回车键或单击一下查询按钮,查询工具就开始查询,并显示一系列符合查询指令要求的清单,在清单上列出网址,单击一下,就可以进入到想要查询的网站。

第三,要善于利用书店。书店也是寻找书籍的场所。要根据读书的需要定期到书店浏览,发现合乎自己自学需求的书籍。不过书店的书籍一般价格较高,要充分考虑价格、自己的经济实力、读书能力和业余时间。星期天、节假日可以到书店去看看,新生们还可以向老生咨询一下哪些地方的书是可以为学生提供优惠的,这样就可以节约很多钱。人们常言:"书非借不读",有一定道理。一般而言,买的书没有时间的限制:不会给人紧迫感,阅读效率可能不太高。买书还要看个人需要,到旧书市场或者二手书市购书亦为不错的选择。有的同学买的书很多,等到毕业离开学校的时候处理起来却遇到了麻烦,有的送人,有的贱卖,真的很可惜;因此一定要认识到现在还不是藏书的时候,等你有自己的空间和实力的时候再做藏书工作会更好。

(5)要注意知识的积累。求知如采金。黄金的价值很高,可是大自然却没有把它集中在一个山头上,偏偏分藏在地下细缝狭隙之中。而要得到金子,只有经历艰辛开采,才能得到一点点。读书也是一样,只有熟读、精思,把分散于各章节中的含金的"矿石"发掘提取出来并加以提炼,才可能化石为金吸取知识精华。积学以储宝,只读书不消化理解也不行;只消化理解,不积累,也收效甚微。读书—积累—创造,这就是那些成才者所走的道路。没有对前人知识的积累,就谈不上继承,也谈不上创新,学识渊博就是积累丰硕的结果。只有注意积累,我们才有广博的知识,思想才能真正活跃起来。

积累的方法多种多样,对学生来说,主要有以下3种方式:

第一,心记,也就是所谓的记忆。有些东西如英语单词、著名诗词、科学公式、定理定律等都必须熟记。没有记忆,脑中空空是谈不上积累的。但是,心记有局限性,受大脑开发程度的限制。笔记,可以弥补心记的不足。

第二,做读书笔记、札记等。通过做笔记,写札记,手脑并用,可以凝神酌句,促进思考,多次重复,可以记得更牢,还可以有效培养学生分析问题、解决问题的能力。做读书笔记的方式有摘录式和评注式两大类。

第三,做资料卡片。把从阅读课外书、期刊、报纸中发现的一些重要资料用卡片摘录或编辑下来,做成卡片。

做笔记可能人人都会做、都能做,但真正让笔记发挥作用的人并不多。要懂得笔记的妙用,并真正学会做笔记。那么,记笔记、积卡片,应当注意以下4点:

(1)要按内容进行科学分类,做到井然有序。尤其是储存量大时,更要科学、及时地分类和整理;

（2）做笔记、积卡片一定要注明资料的来源、书名、页码、期刊名称、期刊号等，以便查用；

（3）积累要有明确的目标，原则上是博览精摘、宁缺毋滥；

（4）藏书要各就各位，存放有序，用时可信手拈来。

除此之外，学会利用工具书也相当于另一种积累。工具书包括字典词典、年鉴手册、百科全书、情报文献、历史年表、地理图谱等。现代中职生，除了利用个人记忆库（心记和笔记）外，还要学会利用现成的社会记忆库。

第八章　安全法制教育

第一节　安全伴我行

案例

云南省丘北县幼儿园食物中毒

2014 年 3 月 19 日,云南省文山壮族苗族自治州丘北县双龙营镇平龙村佳佳幼儿园 32 名学生疑似食物中毒。其中,情况较为严重者 7 人, 2 人抢救无效死亡,3 人病势危重,2 人病情缓解。

海南澄迈县一学校发生春游交通事故

2014 年 4 月 11 日十点半左右,一辆载有海南澄迈县一所小学学生前往文昌旅游的客车发生交通事故,事故造成 8 名小学生当场死亡,32 人受伤(其中 30 名学生, 1 名老师和 1 名工作人员)。据悉,事故车辆没有超载,但春游活动未在教育局备案报批。

湖北十堰校园命案 4 死 5 伤

2014 年 9 月 1 日是中小学开学第一天,然而湖北十堰小学砍人事件却震惊了全国。据了解,行凶者陈严富是一名学生家长,因女儿未能及时完成暑假作业,老师拒绝其女儿入学。为此,陈严富曾 4 次到校恳求教师,但教师始终未松口让其女儿入学。在 9 月 1 日学生开学之际,陈严富藏匿一把水果刀到该小学行凶,造成 4 死 5 伤的悲剧。

昆明学校发生踩踏事故

2014 年 9 月 26 日 14 时 30 分许,昆明市明通小学发生踩踏事故,造成学生 6 人窒息死亡、35 人受伤。当天学校预备铃打响后,学生从宿舍楼下楼经一楼过道返回教室时,因立放于过道的体育用品海绵垫倾倒阻碍学生通行,致大量学生相互叠加挤压,发生踩踏事故。

山东蓬莱校车发生交通事故

2014 年 11 月 19 日 8 时许,山东省蓬莱市潮水镇四村机场连接线附近,一辆货车与一辆面包车相撞,致 12 人死亡,其中 11 人为儿童(另一人为面包车司机),另有 3 名儿童受轻伤。

山西平遥 6 名儿童溺亡

2014 年 2 月 22 日下午,山西平遥 6 名儿童放学后结伴滑冰玩耍时,不慎落水溺亡。其中,年龄最大的 11 岁,最小的仅为 5 岁。

安徽淮北一中学围墙倒塌事故

2014 年 12 月 8 日 14 时 30 分,淮北市同仁中学两个班级举行篮球比赛,一名同学崴了脚,多名同学围观时围墙突然坍塌,造成 5 人死亡,2 人受伤。

河北廊坊幼儿园倒塌事故

2014 年 12 月 13 日,河北省廊坊市永清县刘街乡徐街村春蕾幼儿园的房屋倒塌,造成 3 名儿童死亡,3 名儿童受轻伤。

天津校车追尾事故

2014 年 12 月 16 日 13 时许,天津市武清区一小学校车,在接学生上学的路上发生交通事故,造成 2 名学生死亡,另外 2 名学生重伤。当地村民称,运送学生的校车为一辆私人金杯车。

湖南一幼儿园校车翻入水库

2014 年 7 月 10 日下午 5 时许,湖南湘潭市雨湖区响塘乡金桥村乐乐旺幼儿园所属校车,在送幼儿回家途经湘潭市交界的长沙市岳麓区干子村时,翻入水库。此事故共致 11 人遇难,包括 8 名幼儿和 3 位成人。

一、校园安全知识

1. 课间活动注意事项

在每天紧张的学习过程中,课间活动能够起到放松、调节和适当休息的作用。课间活动应当注意以下几方面:

(1)室外空气新鲜,课间活动应当尽量在室外,但不要远离教室,以免耽误下节课程。

(2)活动的强度要适当,不要做剧烈的活动,以保证继续上课时不疲劳、精力集中、精神饱满。

(3)活动的方式要简便易行,如做操等。

(4)活动要注意安全,避免扭伤、碰伤等。

2. 游戏时保证安全

游戏是同学们生活中的重要内容,在游戏中也要树立安全观念:

(1)要注意选择安全的场所。要远离公路、铁路、建筑工地、工厂的生产区;不要进入枯井、地窖或防空设施;要避开变压器、高压电线;不要攀爬水塔、电杆、屋顶、高墙;不要靠近深湖(潭、河、坑)、水井、粪坑、沼气池等。这些地方非常容易发生危险,稍有不慎,就会造成伤亡事故。

(2)要选择安全的游戏来做。不要做危险性强的游戏,不要模仿电影、电视中的危险镜头,例如扒乘车辆、攀爬高的建筑物、用刀棍等互相打斗、用砖石等互相投掷、点燃树枝废纸等。这些行为的危险性很大,容易造成预料不到的恶果。

(3)游戏时要选择合适的时间。游戏的时间不能太久,容易过度疲劳,发生事故的可能性就会大大增加;最好不要在夜晚游戏,天黑视线不好,人的反应能力也降低了,容易发生危险。

3．上体育课注意安全

体育课在中小学阶段是锻炼身体、增强体质的重要课程。体育课上的训练内容是多种多样的,因此安全上要注意的事项也因训练的内容、使用的器械不同而有所区别。

(1)短跑等项目要按照规定的跑道进行,不能串跑道。这不仅仅是竞赛的要求,也是安全的保障。特别是快到终点冲刺时,更要遵守规则,因为这时人身体的冲力很大,精力又集中在竞技之中,思想上毫无戒备,一旦相互绊倒,就可能严重受伤。

(2)跳远时,必须严格按老师的指导助跑、起跳。起跳前脚要踏中木制的起跳板,起跳后要落入沙坑之中。这不仅是跳远训练的技术要领,也是保护身体安全的必要措施。

(3)在进行投掷训练时,如掷铅球、铁饼、标枪等,一定要按老师的口令进行,令行禁止,不能有丝毫的马虎。这些体育器材有的坚硬沉重,有的前端装有尖利的金属头,如果擅自行事,就有可能击中他人或者伤害自己,甚至发生生命危险。

(4)在进行单、双杠和跳高训练时,器械下面必须备好厚度符合要求的垫子,如果直接跳到坚硬的地面上,会伤及腿部关节或后脑。做单、双杠动作时,要采取各种有效的方法,使双手握杠时不打滑,避免从杠上摔下来,使身体受伤。

(5)在做跳马、跳箱等跨越训练时,器械前要有跳板,器械后要有保护垫,同时要有老师和同学在器械旁站立保护。

(6)在进行前后滚翻、俯卧撑、仰卧起坐等垫上运动的项目时,做动作要严肃认真,不能打闹,以免发生扭伤。

(7)参加篮球、足球等项目的训练时,要学会保护自己,也不要在争抢中蛮干而伤及他人。在这些争抢激烈的运动中,自觉遵守竞赛规则对于安全是很重要的。

二、交通安全

衣、食、住、行是人们生活中最基本的内容。其中的"行",涉及交通问题。同学们平日上学、放学，节假日外出、旅游，除了步行以外，还要骑自行车、乘公共汽（电）车，路程更远的，要乘火车、乘船。所以，交通安全问题是我们必须重视的，要从小树立交通安全意识，掌握必要的交通安全知识，确保交通安全。

1. 行走时注意交通安全

上学和放学的时候，正是一天中道路交通最拥挤的时候，人多车辆多，必须十分注意交通安全。

（1）在马路上行走，要走人行横道；没有人行横道的道路，要靠路边行走。

（2）集体外出时，最好有组织、有秩序地列队行走；结伴外出时，不要相互追逐、打闹、嬉戏；行走时要专心，注意周围情况，不要东张西望、边走边看书报或手机、做其他事情。

（3）在没有交通民警指挥的路段，要学会避让机动车辆，不与机动车辆争道抢行。

（4）在雾、雨、雪天，最好穿着色彩鲜艳的衣服，以便于机动车司机尽早发现目标，提前采取安全措施。在一些城市中，小学生外出均头戴小黄帽，集体活动时还手持"让"字牌，也是为了使机动车及时发现、避让，这种做法应当提倡。

2. 过马路注意安全

穿越马路时，可能遇到的危险因素会大大增加，应特别注意安全。

（1）穿越马路，要听从交通民警的指挥，要遵守交通规则，做到"绿灯行，红灯停"。

（2）穿越马路，要走人行横道；在有过街天桥和地下通道的路段，应自觉走过街天桥和地下通道。

（3）穿越马路时，要走直线，不可迂回穿行；在没有人行横道的路段，应先看左边，再看右边，在确认没有机动车通过时才可以穿越马路。

（4）不要翻越道路中央的安全护栏和隔离墩。

（5）不要突然横穿马路，特别是马路对面有熟人、朋友呼唤或者自己要乘坐的公共汽车已经进站时，千万不能贸然行事，以免发生意外。

3. 骑自行车注意安全

骑自行车外出比起走路，注意的安全事项如下：

（1）要经常检修自行车，是否灵敏、正常尤其重要。需要保持车况完好，车闸、车铃是否灵敏、正常也很重要。

（2）自行车的车型大小要合适。不要骑儿童玩具车上街，也不要骑大型车。

（3）不要在马路上学骑自行车；未满十二岁的儿童，不要骑自行车上街。

（4）骑自行车要在非机动车道上靠右行驶，不逆行；转弯时不抢行猛拐，要提前减慢速度，看清四周情况，以明确的手势示意他人后再转弯。

（5）经过交叉路口，要减速慢行，注意来往行人、车辆；不闯红灯，遇到红灯要停车等候，待绿灯亮了再继续前行。

（6）骑车时不要双手撒把，不多人并骑，不互相攀扶，不互相追逐、打闹。

（7）骑车时不攀扶机动车辆，不载过重的东西，不骑车带人，不在骑车时戴耳机。

（8）学习、掌握基本的交通规则知识。

在雨雪天气里骑自行车，还应该注意以下几点：

（1）骑车途中遇雨。不要为了免遭雨淋而埋头猛骑。

（2）雨天骑车，最好穿雨衣、雨披，不要一手持伞，一手扶车把骑行。

（3）雪天骑车，自行车轮胎不要充气太足，这样可以增加与地面的摩擦，不易滑倒。

（4）雪天骑车，应与前面的车辆、行人保持较大的距离。

（5）雪天骑车，要选择无冰冻、雪层浅的平坦路面，不要猛捏车闸，不急拐弯，拐弯的角度也尽量大些。

（6）雨雪天气，道路泥泞湿滑，骑车时精力要更加集中，随时准备应对突发情况，骑行的速度要比正常天气时慢些。

4．乘坐机动车注意事项

汽车、电车等机动车，是人们最常用的交通工具，为保证乘坐安全，应注意以下几点：

（1）乘坐公共汽（电）车，要排队候车，按先后顺序上车，不要拥挤。上下车均应等车停稳以后，先下后上，不要争抢。

（2）不要把汽油、爆竹等易燃易爆危险品带入车内。

（3）乘车时不要把头、手、胳膊伸出窗外，以免被对面来车或路边树木等刮伤；也不要向车窗外乱扔杂物，以免伤及他人。

（4）乘车时要坐稳扶好，没有座位时，要双脚自然分开，侧向站立，手应握紧扶手，以免车辆紧急刹车时摔倒受伤。

（5）乘坐小轿车、微型客车时，在前排乘坐应系好安全带。

（6）尽量避免乘坐卡车、拖拉机；必须乘坐时，千万不要站立在后车厢里或坐在车厢板上。

（7）不要在机动车道上招呼出租汽车。

三、消防安全

人们的生活离不开火。但是火如果使用不当或者管理不好，就会发生火灾，严重威胁人们的生活，给人民的生命财产和国家的建设发展造成巨大损失。消防安全十分重要,消防工作包括两个方面:一是火灾的预防;二是灭火。对此,同学们都应该有所了解,并掌握一些基本知识。

1．预防火灾

预防火灾的措施很多,同学们首先要从日常生活中的小事做起:

(1)不玩火。有的同学对火感到新奇,常常背着家长和老师玩火,这是十分危险的。玩火时,一旦火势蔓延或者留下未熄灭的火种,容易引起火灾。

(2)不吸烟。吸烟危害身体健康,又容易诱发火灾,因此学生要遵守学生守则和学校的规章制度,坚决杜绝吸烟。

(3)爱护消防设施。为了预防火灾,防止火灾事故,居民楼、公共场所都设置了消防栓、灭火器、消防沙箱等消防设施,还留有供火灾发生时人员疏散的安全通道,要自觉爱护消防设施,保证安全通道的畅通。

2．家中防火

家庭中的火灾常由用火不慎和使用电器不当引起,因此要注意:

(1)使用火炉取暖,火炉的安置应与易燃的木质家具等保持安全距离;在农村,火炉则要远离柴草。

(2)烘烤衣物时要有人看管。

(3)火炉旁不要存放易燃易爆物品。

(4)生火时,不要使用煤油、汽油助燃,以防猛烈燃烧发生火灾。

(5)掏出的未熄灭的炉灰、煤渣要倒在安全的地方,以防引起别的物体燃烧起火。

(6)家用电器的使用要符合安全要求,不乱拆卸,以免造成家电安全性能下降,引发火灾。

(7)要谨慎使用发热电器(如电熨斗),使用过程中,人不可长时间离开,以免引燃其他物品。

(8)电器使用完毕或人离开时,要及时关闭电源,以防电器过热而发生危险。

(9)使用煤气器具要防止煤气泄露,使用完毕应关闭气源。

(10)煤气罐应远离火源使用;要定期检查,确保煤气设施及用具完好。

3．发生火灾应如何报警

如果发生火灾,最重要的是报警,这样才能及时扑救、控制火势,减轻火灾造成的损失。

(1)火警电话是119。这个号码应当牢记,在全国任何地区,向公安消防部门报告火警的电话号码都是一样的。发现火灾,可以直接打电话报警。家中没有电话的,要尽快使用邻居、电话亭或者附近单位的电话报警。

(2)报火警时,要向消防部门讲清着火的单位或地点,讲清所处的区(县)、街道、胡同、门牌号码或乡村地址,还要讲清是什么物品着火、火势怎样等。

（3）报警以后,最好安排人员到附近的路口等候消防车,指引其通往火场。

（4）不能随意拨打火警电话,假报火警是扰乱社会公共秩序的违法行为。

（5）在没有电话的情况下,应大声呼喊或采取其他方法引起邻居、行人注意,协助灭火或者报警。

4. 紧急应付轻微火灾

形成火灾时,应及时报警。对突然发生的比较轻微的火灾,同学们也应掌握简便易行的应付紧急情况的方法。

（1）水是最常用的灭火剂,木头、纸张、棉布等起火,可以直接用水扑灭。

（2）用土、沙子、浸湿的棉被或毛毯等迅速覆盖在起火处,可以有效地灭火。

（3）用扫帚、拖把等扑打,也能扑灭小火。

（4）油类、酒精等起火,不可用水去扑救,可用沙土或浸湿的棉被迅速覆盖。

（5）煤气起火,可用湿毛巾盖住火点,迅速切断气源。

（6）电器起火,不可用水扑救,也不可用潮湿的物品捂盖。水是导体,这样做会发生触电。正确的方法是首先切断电源,然后再灭火。

（7）有条件的,还可以学习一些简易灭火器的使用方法。

5. 遭遇火灾应正确脱险

遭遇火灾,应采取正确有效的方法自救逃生,减少人身伤亡损失:

（1）一旦身处火灾危险,千万不要惊慌失措,要冷静地确定自己所处位置,根据周围的烟、火光、温度等分析判断火势,不要盲目采取行动。

（2）身处平房时,如果门周围火势不大,应迅速离开火场。若门口火势很大,则必须另行选择出口脱身（如从窗户跳出）,或者采取保护措施（如用水淋湿衣服、用浸湿的棉被包住头部和上身等）后离开火场。

（3）身处楼房时,发现火情不要盲目打开门窗,否则有可能引火入室;不要盲目乱跑,更不要跳楼逃生,这样会造成不应有的伤亡;可以躲到居室里或者阳台上,紧闭门窗,隔断火路,等待救援。有条件的,可以不断向门窗上浇水降温,以延缓火势蔓延。

（4）在失火的楼房内,逃生不可使用电梯,应通过防火通道走楼梯脱险。因为失火后电梯竖井往往成为烟火的通道,并且电梯随时可能发生故障。

（5）因火势太猛,必须从楼房内逃生的,可以从二层处跳下,但要选择不坚硬的地面,同时应从楼上先扔下被褥等增加地面的缓冲,然后再顺窗滑下,要尽量缩小下落高度,做到双脚先落地。

（6）在有把握的情况下,可以将绳索（也可用床单等撕开连接起来）一头系在窗框上,然后顺绳索滑落到地面。

（7）逃生时,尽量采取自我保护措施,如用湿毛巾捂住口鼻、用湿衣物包裹身体等。

（8）如身上衣物着火,可以迅速脱掉衣物,或者就地滚动,以身体压灭火焰,还可以跳进附近的水池、小河中,将身上的火熄灭,总之要尽量减少身体烧伤面积,减轻烧伤程度。

（9）火灾发生时,常会产生对人体有毒有害的气体,所以要预防烟毒,应尽量选择上风处停留或以湿的毛巾或口罩保护口、鼻及眼睛,避免有毒有害烟气的侵害。

6. 家庭火灾预防

（1）在家庭线路铺设时要做到合理设计、严格施工。室内布线时要合理选择线路路径,尽量走近路、直路,避免曲折迂回,减少交叉跨越。

同时,在选择线路导线时,要根据具体环境特点选用导线的类型,尤其应考虑防湿、防潮、防热、防腐等因素。导线的连接和铺设都要按规定严格施工,电线的接头要牢靠连接,并用绝缘胶带包好,对接线桩头、端子还要拧紧螺丝,防止因接线松动而造成接触不良。家庭配线不要直接铺设在易燃的建筑材料上面,如因需要不得不在木制结构上布线时,应当使用 PVC 套管。导线在穿墙时也要使用套管,否则极易发生磨损,从而造成因漏电或短路而引起的火灾。此外,不宜在地线和零线上装设开关和保险丝,更不能将地线接到自来水或煤气管道上。

（2）选用正确的过流保护器及漏电保护器。居民家庭用的保险丝应根据用电容量的大小来选用,一般标准选用的保险丝应是电表容量的 1.2 ～ 2 倍。选用的保险丝应符合规定。而不能以将几根小容量的保险丝并用,更不能用铜丝、铁丝代替保险丝使用。漏电保护器的灵敏度要正确、合理,在安装时必须保证质量,并应满足安全防火的各项要求,绝不能使用"三无"的假冒伪劣产品。

（3）加强电器设备的使用管理。购买家用电器时应认真查看产品说明书中的技术参数,要清楚其耗电功率及家庭已有的供电能力是否满足要求等,当家用配电设备不能满足家用电器容量要求时,应予以更换改造,绝不能凑合使用。在使用电热器具过程中更要严加管理,发热的电器设备要远离可燃物,如电炉、取暖炉、电熨斗和 60W 以上的白炽灯等,都不得直接搁放在木板或可燃材料上,当有事情要离开时务必切断电源,以免电器设备长时间发热引发火灾。在低压线路和开关、插座、熔断器附近不要摆放油类、棉花、木屑或木材等易燃物品。在雷雨天气还应预防雷击火灾事故,对正在使用中的电器要切断电源,尤其是电视的室外天线、闭路电视线更要立即切断,以确保安全。

（4）认真做好定期检查工作。为了保证室内外线路的正常工作,要经常对其进行检查。在线路检查工作中,要计算线路是否能够承受现有的总用电量,线路的接头是否有松动冒火花现象,对陈旧老化的导线要重新加固或更换。同时,临时接拉的线路用完后要及时拆除,以免发生火灾事故。

(5)发生电器设备或电气线路火灾后应谨慎处理。火灾发生前,都有不同程度的前兆,即电线过热会首先烧焦其绝缘外皮,散发出一种烧胶皮和塑料的难闻气味。当闻到这种气味时,应立即拉闸停电,直到查明原因,妥善处理后,才能合闸送电。万一发生了火灾,不管是否是电气方面引起的,都要想办法迅速切断火灾范围内的电源。因为,如果火灾是电气方面引起的,切断了电源,也就切断了起火的火源;如果火灾不是电气方面引起的,大火也会烧坏电线的绝缘外皮,若不切断电源,烧坏的电线会造成电线短路,引起更大范围的电线着火。当确实发生电气火灾后,应采用盖土、盖沙的方式或使用干粉灭火器进行扑救,此时绝不能使用水或泡沫灭火器,防止因导电而发生触电事故。

四、学生自身安全

中职学生虽然年龄尚小,但已经不同程度地接触了社会。社会治安中仍然存在一些问题需要解决,社会上还存在违法犯罪现象,中职学生遭到不法分子侵害的情况也时有发生。所以,中职学生很有必要学会正确认识遇到的人和事,明辨是非,区分真善美和假恶丑,提高预防各种侵害的警惕性,消除对危险的麻痹和侥幸心理。同时也要树立自我防范意识,掌握一定的安全防范方法,增强自身的防范能力,使自己在遇到异常情况时,能够冷静、机智、勇敢地应对。

1.学生安全常识

(1)当受到违法犯罪分子的直接威胁和侵害时,仅凭同学们自身的力量很难与之抗衡,最有效的方法就是向公安部门报告。报警电话是110。这个号码应当牢记,以便发生异常情况时及时拨打。若没有条件拨打电话,也应机智回应不法分子,留下求救信号或物品,等待救援。

(2)要严格遵守严禁或限制未成年人进入歌舞厅、电子游戏城、网吧、录像厅等经营场所的规定。

(3)注意加强课外活动、室外活动和其他集体活动的安全措施防范工作,要特别注意在集体旅游等活动中,自觉服从老师和带队人员的统一管理,不打闹、不随意离开班级或活动小组。如有身体不适等情况要及早报告老师或有关人员。

(4)从小养成自觉遵守道路交通规则的习惯,从小培养安全防火意识,不玩火,不到水域、道路、铁路、建设工地和其他秩序杂乱的场所玩耍,防止溺水、挤压、跌落、踩伤等意外事故的发生。

(5)从小养成卫生习惯,饭前便后都要洗手,不到无证摊贩处购买不洁零食和其他来路不明的食物。

（6）防坠落。无论教室是否处于高层，都不要将身体探出阳台或者窗外，谨防不慎坠楼。

2．发生自然灾害时的自护自救

自然灾害是指洪水、地震、龙卷风、滑坡、泥石流等自然现象给人类造成的灾害。这里列举发生龙卷风和地震时的自救法。

怎样躲避龙卷风的侵袭？

（1）龙卷风袭来时，应打开门窗，使室内外的气压得到平衡，以避免风力掀起屋顶，吹倒墙壁。

（2）在室内时，应该保护好头部，面向墙壁蹲下。

（3）在野外遇到龙卷风，应迅速远离，尽量侧向移动躲避。

（4）龙卷风已经到达跟前时，应寻找低洼地形趴下，闭上口、眼，用双手、双臂保护头部，防止被飞来物碰伤。

（5）乘坐汽车遇到龙卷风时，应下车躲避，不要留在车内。

地震发生时怎样保护自己？

（1）如果在平房里，突然发生地震，要迅速钻到床下、桌下，同时用被褥、枕头、脸盆等物护住头部，等地震间隙再尽快离开住房转移到安全的地方。地震时如果房屋倒塌，应待在床下或桌下，千万不要移动，等到地震停止时再出居室。

（2）如果住在楼房中，突然发生地震，不要试图跑出楼外，因为时间来不及。最安全、有效的办法是，及时躲到两个承重墙之间最小的房间里，如厕所、厨房等。也可以躲在桌柜等家具下以及房间内侧的墙角，并且注意保护好头部。千万不要去阳台和窗下躲避。

（3）如果正在上课，发生了地震，不要惊慌失措，更不能在教室内乱跑或争抢外出。靠近门的同学可以迅速跑到门外，中间及后排的同学可以尽快躲到课桌下，用书包护住头部；靠墙的同学要紧靠墙根，双手护住头部。

（4）如果已经离开房间，千万不要认为第一次地震后就安全了，因为接着可能会发生余震，余震对人的威胁更大。

（5）如果在公共场所发生地震，不能惊慌乱跑，可以随机应变，躲到就近比较安全的地方，如桌柜下、舞台下等。

（6）如果发生地震时正在大街上，绝对不能跑进建筑物中避险。也不要在高楼下、广告牌下、狭窄的胡同、桥头等危险地方停留。

（7）如果地震后被埋在建筑物中，应先设法清除压在腹部以上的物体；用毛巾、衣服捂住口鼻，防止烟尘窒息；要注意保存体力，设法找到食品和水，创造生存条件，等待救援。

五、日常安全知识

1．防止烫伤

烫伤是生活中常常遇到的事故。在家庭生活中,最常见的是被热水、热油等烫伤。如何防止烫伤呢?

(1)从炉火上移动开水壶、热油锅时,应该戴上手套或者用布衬垫,防止直接烫伤;端下的开水壶、热油锅要放在人不容易碰到的地方。

(2)父母在炒菜、煎炸食品时,不要在周围玩耍、打闹,以防被溅出的热油烫伤;年龄较大的同学在学习做菜时,注意力要集中,不要把水滴到热油中,因为热油遇水会飞溅起来,把人烫伤。

(3)油是易燃的,在高温下会燃烧,做菜时要防止油温过高而起火。万一家中的油锅起火,千万不要惊慌失措,应该尽快用锅盖盖上,并且将油锅迅速从炉火上移开或者熄灭炉火。

(4)家里的电熨斗、电暖器等发热的器具会使人烫伤,在使用中应当特别小心。

2．安全用电

随着生活水平的不断提高,生活中用电的地方越来越多了。因此,我们有必要掌握以下基本的安全用电常识:

(1)了解电源总开关,学会在紧急情况下关闭总电源。

(2)不用手或导电物(如铁丝、钉子、别针等金属制品)去接触、探试电源插座内部。

(3)不用湿手触摸电器,不用湿布擦拭电器。

(4)电器使用完毕后应拔掉电源插头,插拔电源插头时不要用力拉拽电线,以防止电线的绝缘层受损造成触电;电线的绝缘皮剥落,要及时更换新线或者用绝缘胶布包好。

(5)发现有人触电要设法及时关断电源,或者用干燥的木棍等物将触电者与带电的电器分开,不要用手去直接救人;若周围没有绝缘物体,应呼喊成年人相助,不要自己处理,以防触电。

(6)不随意拆卸、安装电源线路、插座、插头等。哪怕是安装灯泡这样简单的事情,也要先关闭电源,在家长和老师的指导下进行。

3．安全使用电器

如今,电视机、电冰箱、洗衣机、电熨斗、吹风机、电风扇等家用电器越来越多地进入了家庭。使用家用电器,除了应该注意安全用电问题以外,还要注意以下几点:

（1）各种家用电器用途不同,使用方法也不同,有的比较复杂。一般的家用电器应当在家长的指导下学习使用,危险性较大的电器则不要自己独自使用。

（2）使用中发现电器有冒烟、冒火花、发出焦糊异味等情况,应立即关掉电源开关,停止使用。

（3）电吹风机、电饭锅、电熨斗、电暖器等电器在使用中会发出高热,应注意远离纸张、棉布等易燃物品,防止发生火灾;同时,使用这些电器时要注意避免烫伤。

（4）要避免在潮湿的环境（如浴室）下使用电器,更不能使电器淋湿、受潮,这样不仅会损坏电器,还会发生触电危险。

（5）电风扇的扇叶、洗衣机的脱水筒等在工作时是高速旋转的,不能用手或者其他物品去触摸,防止受伤。

（6）遇到雷雨天气,要停止使用电视机,并拔下室外天线插头,防止遭受雷击。

（7）电器长期搁置不用,容易受潮、受腐蚀而损坏,重新使用前需要认真检查。

（8）购买家用电器时,要选择质量可靠的合格产品。

4．居室内活动应注意安全

在居室内活动,还有许多看起来细微的安全事项值得注意,否则,同样容易发生危险。这主要有以下几个方面:

（1）防磕碰。大多数家庭的居室空间比较狭小,又放置了许多家具或生活用品,所以不应在居室中追逐、打闹,做剧烈运动和游戏,防止磕碰受伤。

（2）防滑、防摔。居室地板比较光滑,要注意防止滑倒受伤;需要登高打扫卫生、取放物品时,要请他人加以保护,防止摔伤。

（3）防坠落。住楼房,特别是住在楼房高层的,不要将身体探出阳台或者窗外,谨防不慎坠楼。

（4）防挤压。居室的房门、窗户,家具的柜门、抽屉等在开关时容易夹手,也应当处处小心。

（5）防火灾。居室内的易燃品很多,例如木制家具、被褥窗帘、书籍等,因此要注意防火。不要在居室内随便玩火,更不能在居室内燃放爆竹。

（6）防意外伤害。改锥、刀、剪刀等锋利、尖锐的工具,图钉、大头针等文具,用后应妥善存放起来,不能随意放在床上、椅子上,防止有人受到意外伤害。

5．烫伤的处理措施

生活中发生烫伤,可以采取以下几种措施:

（1）对只有轻微红肿的轻度烫伤,可以用冷水反复冲洗,再涂些清凉油就可以了。

（2）烫伤部位已经起小水泡的,不要弄破它,可以在水泡周围涂擦酒精,用干净的纱布包扎。

（3）烫伤比较严重的,应当及时送医院进行诊治。

（4）烫伤面积较大的,应尽快脱去衣裤、鞋袜,但不能强行撕脱,必要时应将衣物剪开;烫伤后,要特别注意烫伤部位的清洁,不能随意涂擦外用药品或代用品,防止伤口受到感染,给医院的治疗增加困难。正确的方法是脱去患者的衣物后,用洁净的毛巾或床单进行包裹。

6. 外伤的处理措施

外伤比较严重的,需要及时送医院诊治。比较轻微的,可以按照下述方法来处理:

（1）伤口出血的,需要清洗伤口并擦涂消毒、消炎的外用药如消炎粉、红药水、创可贴等。此外还要注意:保持伤口周围温暖干燥;可多吃鸡蛋、瘦肉、豆类、乳类等蛋白质含量多的食品;适当服用维生素 C 或多吃些新鲜蔬菜和水果;合理换药,保持清洁。这样做,有利于伤口的痊愈。

（2）肌肉、关节、韧带等扭伤的,不能立即按摩或热敷,以免加重皮下出血,加剧肿胀。应当立即停止活动,使受伤部位充分休息,并且冷敷或用冷水浸泡。待24 小时或 48 小时以后,皮下出血停止再改用热敷,以促进消散淤血,消除肿胀。

7. 手脚冻僵的处理措施

在寒冷的冬季外出活动,常常冻得手脚发僵。手脚冻僵时,千万不要在炉火上烤或者在热水中浸泡。那样会形成冻疮甚至溃烂。那么,正确的方法是什么呢?

（1）应该回到温暖的环境中去,使冻僵部位的温度慢慢回升。

（2）如果在野外,应当设法用大衣等将手脚包裹起来,还可以互相借助体温使冻僵的手脚暖和过来。

（3）最有效的方法是用手搓,通过摩擦增加温度,促进自身的血液循环,以恢复正常。

8. 被毒蛇咬伤后的处理措施

毒蛇有毒牙和毒腺,头部大多为三角形,颈部较细,尾部较短粗,色斑较鲜艳,牙齿较长。被毒蛇咬伤后,一般可在患处发现有 2～4 个大而深的牙痕,局部疼痛。

被无毒的蛇咬伤后,一般有两排"八"字形牙痕。小而浅,排列整齐,伤处无明显疼痛。对一时无法确定的,则应按毒蛇咬伤处理:

（1）立即就地自救或互救,千万不要惊慌、奔跑,那样会加快毒素的吸收和扩散。

（2）立即用皮带、布带、手帕、绳索等物在距离伤口 3～5 厘米的地方缚扎，以减缓毒素扩散速度。每隔 20 分钟需放松 2～3 分钟，以避免肢体缺血坏死。

（3）用清水冲洗伤口，能用生理盐水或高锰酸钾液冲洗更好。此时。如果发现有毒牙残留必须拔出。

（4）冲洗伤口后，用消过毒或清洁的刀片，连接两毒牙痕为中心做"十"字形切口，切口不宜太深，只要切至皮下能使毒液排出即可。

（5）有条件的话，可以用拔火罐或者吸乳器反复抽吸伤口，将毒液吸出。紧急时也可用嘴吸，但是吸的人必须口腔无破溃，吐出毒液后要充分漱口。吸完后一定要将伤口温敷，以利毒液继续流出。

（6）可点燃火柴，烧灼伤口，破坏蛇毒。

（7）尽快食用各类蛇药，咬伤 24 小时后再用药无效。同时可涂在伤口周围的 2 厘米处，伤口上不要包扎。

（8）经处理后，要将伤者立即送往附近医院。

9. 被狗咬伤后的处理措施

被狗咬伤对人的危害较大，因为狗的牙齿上生长着各种病菌和病毒，很容易通过伤口侵入人体，引发疾病，甚至造成伤风致人死亡。如果是被疯狗咬伤，还会由狂犬病毒引发狂犬病，狂犬病致死率非常高。所以，被狗咬伤绝不能轻视，必须采取紧急处理措施：

（1）一般情况下很难区别是否被疯狗咬伤，所以一旦被狗咬伤，都应按疯狗咬伤处理。

（2）被狗咬伤后，要立即处理伤口，首先在伤口上方扎止血带（可用手帕、绳索等代用），防止或减少病毒随血液流入全身。

（3）迅速用洁净的水或肥皂水对伤口进行流水清洗，彻底清洁伤口。对伤口不要包扎。

（4）迅速进往医院进行诊治，在 24 小时内注射狂犬病疫苗和破伤风抗毒素。

10. 骨折的处理措施

骨折，指人体的骨骼完全或部分断裂，大多数骨折是因受到强力的冲击造成的。发生骨折后，骨折部位有疼痛感，并伴有肿胀、淤血和变形，人的活动受到限制，无法负重，严重的还会出现出血、休克、感染、内脏损伤等。发生骨折怎样进行应急处理呢？

（1）使患者平卧，不要盲目搬动患者，更不能对受伤部位进行拉拽、按摩。

（2）检查受伤部位，及时就地取材，选用树枝、木板、木棍等，对受伤部位进行固定，防止伤情加重。

（3）没有用于固定的物品时,对受伤的上肢可以用手帕、布条等悬吊并固定在其胸前,下肢可以与未受伤的另一下肢捆绑固定在一起。

（4）开放性骨折（即骨折处皮肤或黏膜破裂,骨头外露）,要注意保持伤处清洁,防止感染。

（5）做完应急处理后,立即送往医院救治,要注意运送途中不可碰撞受伤部位。避免人为加重伤情。

11.流血不止的处理措施

同学们在玩耍时碰伤了身体,往往会流血不止,特别是鼻子,最容易出血。出现了这些情况,应该采取下列措施:

（1）四肢或手指出血,应该马上用一块干净的纱布或较宽的干净布条将伤口紧紧地包扎住,如有条件,最好洒一些药物在伤口上再包扎。

（2）如果是鼻子出血,应头向前倾,面向下张口呼吸,绝不能将头仰起,这样会使血咽下去,产生反胃症状或误以为呕血。再用手指紧压住出血一侧的鼻根部,一直到不出血为止。如果有干净棉球,可以把棉球塞进鼻孔里压迫止血。另外,可以用冷水浸湿毛巾敷在鼻根部,这样会使血管遇冷收缩,从而达到止血的目的。

第二节　知法,懂法,守法

案例

14单位试点青少年法制教育和维权

2015年4月29日,南充市委政法委、共青团南充市委、市中级法院、市检察院、市公安局、市司法局等单位联合在南充高中嘉陵校区举办了全市青少年法制教育和权益维护试点工作动员大会暨警示教育报告会。南充市委常委、政法委书记古正举出席会议并讲话。

古正举要求,全市各级各部门要深化认识青少年法制教育和维权的重要意义,全力确保青少年法制教育和维权工作落到实处;要把握基本规律,注意教育方法,丰富完善活动内容,加强法治文化建设。同时,要落实责任,努力把青少年法制教育和维权试点工作引向深入,为建设开放南充、诚信南充、法治南充、繁荣南充做出应有的贡献。

会上,古正举等领导为14所试点学校和单位进行了授牌。来自四川省嘉陵监狱的服刑人员还向南充高中嘉陵校区2000多名师生进行了现身说法。

据悉,从5月开始,将有针对性地在南充高中、南充市五星小学等14所学校和单位进行青少年法制教育和维权试点。试点工作将按照"二三四五"的思路推进,即创新"两个工作平台"、建好"三支队伍"、重视"四项体验教育"、开展"五大宣传活动"。

一、有法可依

从2010年至今,我国的教育立法为青少年的健康成长创造了较好的法制环境。我国制定了《教育法》《义务教育法》2部教育法律,国务院制定了5项教育行政法规。另外,加强青少年保护和预防犯罪也有《未成年人保护法》和《预防未成年人犯罪法》两部姊妹法可依。这就充分说明国家非常重视青少年的法制教育工作。

1．《未成年人保护法》部分内容

父母或者监护人应当依法履行对未成年人的监护职责和抚养义务,不得虐待、遗弃未成年人;不得歧视女性未成年人或者有残疾的未成年人;禁止溺婴、弃婴。

父母或者其他监护人应当尊重未成年人接受教育的权利,必须使适龄未成年人按照规定接受义务教育,不得使在校接受义务教育的未成年人辍学。

父母或者其他监护人应当以健康的思想、品行和适当的方法教育未成年人,引导未成年人进行有益身心健康的活动。

国家鼓励社会团体、企业事业组织和其他组织及公民开展多种形式的有利于未成年人健康成长的社会活动。

各级人民政府应当创造条件,建立和改善适合未成年人文化。国家鼓励新闻、出版、广播、电影、电视、文艺等单位和作家、科学家、艺术家及其他公民,创作或者提供有益于未成年人健康成长的作品。出版专门以未成年人为对象的图书、报刊、音像制品等出版物,国家给予扶持。

任何人不得在中小学、幼儿园、托儿所的教室、寝室、活动室和其他未成年人集中活动的室内吸烟。

对有特殊天赋或者有突出成就的未成年人,国家、社会、家庭和学校应当为他们的健康发展创造有利条件。

2．《预防未成年人犯罪法》部分内容

未成年人的不良行为主要有下列几种类型:

(1)旷课、夜不归宿;

(2)携带管制刀具;

(3)打架斗殴,辱骂他人;

（4）强行向他人索取财物；

（5）偷窃、故意毁坏财物；

（6）其他严重违背社会公德的不良行为。

未成年人应当做到的行为：

（1）尊敬国旗、国徽，维护祖国尊严；

（2）遵守交通规则，服从交通管理；

（3）讲究公共卫生，保持市容整洁；

（4）遵守公共秩序，维护公共安全；

（5）爱护公共财产，保护公民合法财产；

（6）爱护名胜古迹和珍贵文物；

（7）爱护动物，保护树木庄稼，

（8）开展有益的文化体育活动，不看内容不健康的书和录像、不赌博；

（9）尊重隐私自由，不私拆、撕毁别人的信件和揭取邮票；

（10）相信科学，不参加迷信活动；

（11）建立同学间的正常友谊，敢于与坏人坏事作斗争。

二、青少年犯罪

案例

社会人员蛊惑学生犯罪

一名年仅16岁的女中学生露露听说有个低年级的同学骂她，就叫来几个朋友，把那个女孩暴打一顿；另一名18岁的女生燕子参与5起抢劫，抢钱近5000元。问起她们这么做的原因，她们竟然回答说："当班长、学习尖子远不如当大姐大威风！"据燕子和露露说，为什么要选择用打架的方式来解决问题呢？因为她们看到电视、录像里都是这样，挺牛的，相比于单调乏味的课本上的说教和家长的唠叨，她们当然更喜欢情节生动的电影故事，看得多了，就觉得，认"干哥哥、干姐姐"比友谊重要，电影里的"老大"都用拳头解决问题，找老师、报警都是小角色。

在电影中，那些大哥、小弟动不动就挥刀冲上街头，都是让人佩服的"英雄"……正是由于这些电影电视的"蛊惑"，一些家庭幸福、在校表现良好的学生开始"出轨"。不良的社会环境目前已经成为未成年人形成犯罪心理的重要外部原因，有关部门必须加大扫黄打非的力度，消除环境给青少年带来的不良刺激，这对青少年的成长至关重要。

未成年人犯罪也要负责任

2000年12月17日晚,户县15岁少年王某为图好玩竟想制造火灾,他先将一堆麦草点燃,但因火势较小没有引起他人注意,又窜到同村张某家老屋处,用火点燃一把干麦塞入门洞引起大火后,王某便躲在暗处观看村民救火,火越烧越大,烧毁了房屋,烧死了一头耕牛和一些用具,损失达7000余元。法院鉴于王某未成年,遂依法做出减轻处罚判决,判处王某有期徒刑8个月,其父母赔偿受害人的全部经济损失7000余元。

未成年人犯罪,是指已满14周岁不满18周岁的人实施了法律规定的犯罪行为。实施犯罪时的年龄,一律按照公历的年、月、日计算。

未成年人犯罪是否负刑事责任我国《刑法》第十七条规定:已满十六周岁的人犯罪,应当负刑事责任,已满十四周岁不满十六周岁的人,犯故意杀人、故意伤害致人重伤或者死亡、强奸、抢劫、贩卖毒品、放火、爆炸、投毒罪的,应当负刑事责任。已满十四周岁不满十八周岁的人犯罪,应当从轻或者减轻处罚,因不满十六周岁不予刑事处罚的,责令他的家长或者监护人加以管教;在必要的时候,也可以由政府收容教养。

未成年人刑事案件附带民事诉讼的赔偿范围、原则与成年人刑事案件相同,赔偿责任一般应当由未成年被告人的监护人承担,未成年被告人有个人财产的,应当由本人承担赔偿责任,不足部分由监护人予以赔偿,但单位担任监护人的除外。

青少年犯罪现象有逐渐增加的趋势,并呈现出低龄化和犯罪手段成人化的倾向,必须引起全社会的关注。

分析青少年犯罪的主要原因,从主体因素上看,一是自我控制能力弱;二是头脑简单,解决问题的方法偏激粗暴;三是贪图享受。从客观因素上看,一是家庭教育的误区;二是学校教育的失当;三是社会文化氛围消极方面的误导;四是缺乏社会救济措施;五是法制教育相对滞后;六是受社会经济负面效应的影响。

三、遵纪守法

遵纪守法指的是每个从业人员都要遵守纪律和法律,尤其要遵守职业纪律和与职业活动相关的法律法规。遵纪守法是每个公民应尽的义务,是建设中国特色社会主义和谐社会的基石。

1.学法、知法、守法、用法

(1)学法、知法,增强法律意识。

(2)遵纪守法,做个文明公民。

(3)用法护法,维护正当权益,保护消费者的权益,每年的3月15日是国际消费者权益日。

2．遵纪守法的原因

（1）遵纪守法是每个公民应尽的社会责任和道德义务。一个国家即使经济实力再强，假如没有健全的法制，没有遵纪守法的国民，仍不能算是一个真正文明、强大的国家，照这个标准来看，我们离真正的"强盛"还有相当一段距离，虽然，我国当前已经构建起了比较完备的法律框架，普法教育也做了多年，但实事求是地讲，"遵纪守法"四个字还远没有成为所有公民的自觉行动。

（2）遵纪守法是现代社会公民的基本素质和义务，是保持社会和谐安宁的重要条件。在社会主义民主政治的条件下，从国家的根本大法到基层的规章制度，都是民主政治的产物，都是为维护人民的共同利益而制定的。"以遵纪守法为荣、以违法乱纪为耻"，就是遵从人民意愿，维护人民利益的高尚之举，必将受到人民的肯定和赞同。这应该是每一个积极向上的人所追求的荣誉。

（3）社会主义和谐社会本质是民主法治社会。在民主法治的背景下，违法乱纪就是践踏民意，危害社会。有人似乎觉得违法乱纪可以抢便宜、捞好处，所以不惜以身试法，铤而走险，甚至沾沾自喜于钻法纪的空子。这是一种极其危险的玩火行为。那些最终被绳之以法的人，在最初都毫无例外地抱有侥幸心理，以为可以超越于恢恢法网，甚至为自己的违背法纪而感到骄傲。当正义的宣判来临之际，他们才开始悔恨、自责，留下了多少警示后人的教训！如果当初多一点遵纪守法的光荣，少一点违法不遵的行为，多一点违法乱纪的耻辱感，少一点违法乱纪的侥幸心，又何至于此。

总之，只有遵纪守法才能获得自由。法纪不仅反映人民的意愿，也是人类对社会生活的深刻总结，反映社会发展的客观规律。遵纪守法是遵从规律的表现，是聪明睿智的表现。无视实践经验、无视客观规律的行为，绝不会带来什么好的后果，终究难逃客观规律的制裁。例如有人对变通法规毫不在意，任意穿行。当灾难降临时，既贻害自己，也贻害他人，留给人们的绝不是对英雄行为的扼腕痛惜，而是对冥顽落后的鄙视和警示。

我们这一代大多是独生子女。虽然有着自信、乐观、积极向上等优点，但是也暴露出一些缺点，如自私、以个人为中心等。要改正一个群体的缺点是不容易的事。而提倡助人为乐、热心公益却可以很好地加强当代独生子女自立、合作精神，弥补自私这一缺点。我们从各个地方，走到同一个学校，走到同一个班，我们都有共同的理想。助人为乐，说大不大，说小不小。当你走进教室，随手关门，将呼呼的寒风挡在门外；当你走过卫生角，随手捡起掉在地上的纸屑；当你经过讲台，随手将零乱的讲台整理好；当你穿过马路，扶起一位摔倒的小男孩，安慰他不要哭泣。这些看起来微不足道的事，都是助人为乐的表现。亲爱的同学们，当你身陷困难时,是否渴望得到别人的帮助?你肯定会的。同样,当别人身陷困难时,我们也要助人一臂之力。值得庆幸的是,当下我们身边已悄悄涌起助人为乐的热潮。扶弱助残,春蕾计划,希望工程,甚至许多同学参加了青年志愿者服务队等。这些都让我们惊喜地发现,雷锋精神不但没有消失,还以各种各样的形式在我们周围发扬光大起来。生活本身是酸甜苦辣的。但做人的情操和理念却是自己可以牢牢把握的。亲爱的同学们,请不要再犹豫,伸出你的友爱之手,助人并且以之为乐,世界将因你而更加美丽!

第九章　心理健康教育

第一节　学会适应

一、影响心理健康的原因

1. 社会影响

由于社会的复杂性,职教生长期受社会上一些不良因素的影响,社会上一些人对职教生存在偏见和歧视,也造成学生不自信、自卑,使得职教生出现了许多逆反心理和逆反行为。

2. 家庭影响

家庭教育对学生产生巨大的影响,家庭物质环境,比如:家庭物质条件、家庭结构;家庭的精神环境,比如:家庭成员的关系,家庭的教养方式;家长自身的教育素养,比如:教育意识、教育能力等,都潜移默化影响着学生的发展。特别是有的家庭父母关系不和,缺乏温暖和爱,使学生性格扭曲,有的家庭经济状况较差,形成学习缺乏主动、自卑、自信心低、容易情绪化、兴趣狭窄、缺乏理想追求、好冲动和攻击性的性格。

3. 学校教育不当

职校生由于在初高中时,受学习基础不扎实,学习方法不当,学习松散,动力不足等因素影响,不断地诱发学生心理问题的发生。

4. 学生自身心理因素

由于种种原因,使我们职业学校的教育工作还存在一定的弊端。而一些教师忽视学生心理特点,在教育学生时采用不当的方法,体罚学生,损伤学生的自尊心,使不少学生产生孤独、自卑的心理。有些后进生,被教师所嫌弃,失去上进心而自暴自弃。

二、适应新的学习环境

1. 调整好心态

环境变化是人生道路上会出现的正常现象,到了一个新的环境后,学习、生活等诸条件发生了巨大的变化,同学们应尽快地了解新环境、熟悉新同学。你可以通过了解学校的历史、变迁等来了解新环境;你可以通过快速记住同学的名字,了解同学的兴趣爱好等寻找自己的新朋友,彼此熟悉了就能消除陌生感。记住,到了一个新的班集体,一定要改变恋旧心理,积极结交新朋友,感受新友情,从而培养起对新环境的适应能力和自我调适能力。

2. 多与同学交往

学生之间的关系是通过交往产生的,学生的人际关系主要受下列因素的影响:空间距离、交往频率、类似性因素、需求互补、能力与特性、性格以及仪表、外貌、风度等。与新同学交往状况如何,对自己能否顺利适应新环境有重大影响。你也可以通过积极参与一些群体活动,增加同学间的认识、交流、了解的机会。在交往过程中,要学会互相谦让、互相关心、互相体恤。

3. 建立尊师爱生的师生关系

在学生的人际交往中,师生关系是很重要的一个方面。研究表明:良好的师生关系有利于学生较快地适应变化了的新环境,也有助于学生良好心理品质的培养。

良好的师生关系是指师生之间在心理上形成的稳定、持续、融洽和亲密的关系。它要靠师生双方共同努力来建立,正如陶行知所说:"教师的成功,是创造出值得自己崇拜的人。先生之最大的快乐,是创造出值得自己崇拜的学生。说得正确些,先生创造学生,学生也创造先生,学生先生合作而创造出值得彼此崇拜之活人。"可以说,师生的合作是进行教学工作的前提。师生关系融洽了,学生就乐于接受教师的要求,并转化为主观需要,有了这种关系和环境,学生会形成一种完全接纳教师的教学指导和教育措施的心理倾向,也有助于学生对新环境的适应。

4. 改变以往的学习方法

随着课程门类增多,学科内容逐渐深化,学习的压力相应增大。对于学习中的困难,要主动向老师请教,及时解决疑难。同时需要指出的是,面对新环境的各种不适,也只有以积极的心态,变压力为动力,才能适应新的学习环境,迎接新的挑战。因此,要以一颗平常心,认清自身发展的弱点,在集体活动中进行适应环境的体验,增强适应新环境的自信心,从而培养起适应环境的能力。

5. 以新的行为规范要求自己

人对环境的适应不是被动的而是积极主动的,人在适应环境的同时还可以改造环境。主动适应就要求你在适应环境的同时还要自觉地改造环境,同学们可更积极、主动地创设一个良好的学习环境。比如:一个良好的班集体会使每个成员产生集体归属感、认同感和团结感,保证每个成员获得最大的心理满足,就能激发并促进其学习热情和克服困难的信心与力量,大大提高学习效率,而和谐的班集体是靠大家共同创设的,需要每个同学付出努力。

总之,到了一个新的环境,同学们要对自身的情感、认识、行为等心理困素进行调整,积极地面对新的环境,因为你有权利、有责任也有能力为创设一个良好的学习环境而努力。

第二节　青春期心理健康

青春期是个体由儿童向成年人过渡的时期,是从第二性征开始出现到身体发育完全停止及心理行为发育接近成熟的阶段。以性成熟为核心的生理方面的发展,使青少年具有了与儿童明显不同的社会、心理特征。

青春期学生因心理障碍引发的事故的现象屡见不鲜,比如抢劫、偷窃、恋爱、打群架、自杀、纹身、殴打老师等。家长普遍感到孩子难管,教师感到学生难教,他们有各自不同的烦恼和忧伤。如何做好青春期心理卫生教育,愈合心理创伤,防治生理和心理疾病,对促进青春期个体的健康成长至关重要。

一、青春期健康行为表现

青春期在生理、心理上有许多变化,如情绪容易波动、爱慕异性、兴趣易转移等。青少年的心理是否健康,主要体现在以下七个方面:

1．相同性

人与人之间都彼此相似。当听到月亮时,联想到太阳或星星,都是正常的反应,但联想到死亡,就让人难以理解。这种情况出现得多了,就应注意其心理状态是否正常。如果一个人的想法、言语举止、嗜好、服饰等,与别人相差太大,则他的心理可能不够健康。

2．活跃性

人的行为是随着身心的发育而变化的。各种年龄段的人,在想法、兴趣、行为上都有不同。青春期应精力充沛、活跃好动。而少年老成的学生,从心理卫生的角度来看,实际上是不太健康的。

3．社交性

每个人都生活在社会中,都是社会的一个成员,一个人不可能脱离社会而单独存在。在青春期,人的社交范围扩大。与他人正确的交往,能互相取长补短,培养互助合作精神,丰富群体生活经验,锻炼适应他人的能力。

4．乐观性

情绪愉快表示心理健康。乐观的人,对任何事物都积极进取,无论遇到什么困难都不畏惧,即使遇到不幸的事情,也能很快地重新适应,而不会长期沉陷于忧愁苦闷之中。相反,多愁善感、情绪经常忧郁的人,心理上是不健康的。而且,情绪越低,心理不健康的程度也越重。

5．反应性

每个人对事物的反应速度与程度都不相同,但差别不会太大。若反应偏于极端,他的心理就不健康。如学生因考试失败而一时不悦,是正常的现象;但若他因此几天不吃饭,甚至有轻生的意念,那他的心理是不健康的。当然,对考试失败无动于衷的学生,心理也未必健康。

6．现实性

心理健康的人,都能面对现实。遇到困难,他们总是勇于承认现实,找出问题所在,并设法解决。相反,心理不健康的人,由于不能适应环境,往往采取逃避现实的方法。这些都不能解决实际问题,只能达到自我欺骗的效果,久而久之,还会发展成病态心理。

7．逻辑性

心理健康的人做事可"有条不紊,专心致志,有克服困难的决心和毅力,而不是三心二意、有头无尾。他们的思维合乎逻辑,说话条理分明,而不是东拉西扯、随说随忘。

二、职教生心理发展的特点

职教生由于处于心理发展的"狂风暴雨时期",因此其内心世界是极其复杂的,有着许多值得班主任重视的心理特征。

(1)善于交往、渴望独立、勇于表现自我。

善于交往是职教生的一个明显特点。无论是任课教师还是班主任都能感觉到,职教生很喜欢跟人打交道,而且很善于跟人打交道。与普通高中学生相比,职教生更擅长"察言观色",更能够善解人意。即一方面,他们乐于进行人际交往,交往频率高,交往能力强;另一方面,交往的对象更加广泛,不仅仅是教师、父母、同龄人。

(2)兴趣广泛,认知模式职业化,职业能力得到较好发展。

职业教育重技能的教育模式和教育环境,把职教生从升学压力中解放出来,使其可以充分发展自己的特长,培养自己的兴趣爱好。职业教育是一种定向明确的教育,系统的专业学习为职教生思维品质等认知能力的发展打上了专业的烙印,他们寻求解决问题的途径时多了一些专业的新视角,与职业相关的心理品质与能力也得到了相应的培养。

(3)社会化倾向有着特殊的发展。

与普通中学的学生相比,职教生表现出比同龄学生更明显的社会化倾向,表现为戴首饰,穿奇装异服,竭力地标新立异,寻找一种领导和追逐潮流,做社会"新新人类"的感觉。

(4)学生学习习惯与方法欠佳,有厌学心理。

一部分职教生缺乏刻苦学习的精神,在学习上没有养成良好的学习习惯,也没有找到适合自己的学习方法。因为不会学而学不好,因为学不好而不想学,因此而产生厌学心理和行为,并渐渐形成学习上的恶性循环现象。越不努力成绩越差,成绩越差越想放弃。

(5)严重的自卑感与强烈的自尊心交织。

在社会对职业教育还存在着一定偏见的形势下,一些职教生认为,自己与同龄人比较,未来似乎比较渺茫,因此具有一定的自卑心理。这种自卑心理与强烈的自尊心交融在一起,使他们变成了内心冲突的个体,表现在行为上就是无所适从、怪异,有时甚至用过激的行为方式去掩饰自己可能受到的伤害,比如通过逃课、顶撞教师、打架斗殴等违纪违规现象,显示自己的勇敢,渐渐就形成了反社会人格倾向。这其实都是自尊心不健康发展的表现。

(6)情感的丰富与心态的浮躁并存。

处于青春期的职教生情感原本就丰富而敏感,加之职业教育学习环境相对宽松,为职教生个性的发展提供了平台,使其人际沟通能力得到发展,为职教生相互之间的心理影响提供了"群体动力环境"。因此常出现成年人难以理解的"热",一些教职生在追求新潮中宁可失去自我也乐此不疲,表现出浮躁的心态;并且一些学生还形成了非正式的小团体,形成自己的游戏规则,甚至置学校的纪律规范于不顾。

(7)开放性格与内隐心理冲突。

时代与文化的开放性使职教生在性格上表现出开放性,使他们愿意也需要与他人进行交流,互相传递休息,但这更多的是在同伴群体中。职教生尽管需要得到成人的指导,但总觉得应有自己的隐私和秘密,更重要的是,他们觉得自己的想法家长和教师是不可能理解或不关心的,所以不愿意将自己的心里话告诉家长和老师。但是,在心理咨询时,很多学生却真诚地告诉心理咨询人员很多平时不会提及甚至羞于启齿是问题。这说明,他们的内心是想寻觅心理支持的,他们需要真诚的理解、关爱、呵护和帮助。

(8)青春期的迷茫导致异性交往偏差。

处于青春期的职教生,身心发展上的第二、第三性征相继出现。男女生的性别角色意识进一步增强,有了解异性的好奇与冲动。再加上文化媒体的"催化剂"作用以及社会环境的消极影响,性问题在职教生中前所未有地开放和透明。现在的职教生在异性交往上存在一种明显倾向:他们再也不会因为谁有异性朋友而大惊小怪,很多职教生觉得有异性朋友很正常很自豪,没有异性朋友会被人笑话,认为学校和家长不该过多干涉他们与异性交往。他们对性不再一无所知,因此,他们所面对的问题不仅是认识什么是"性",而是如何科学、理性地认识"性",树立健康的性意识和性观念。

此外,职教生的心理发展具有鲜明的时代特征:接受信息多,思想活跃,但是非标准不清晰;成就动机强,渴望成才,但学习目的不明确;向往美好未来,盼望幸福生活,但艰苦奋斗精神差;自主自立意识强,但遵守纪律、关心他人与集体的观念比较弱;喜欢求新求美求乐,但也有不思进取、贪图享乐的倾向。

从发展性的视角来看,职教生区别于普通高中生的一大特点在于:几年后他们中的多数人要踏入现实社会,走上工作岗位。这一特定的发展目标从职教生踏入职业学校时就已经明确了,即使他们中的有些人会升学,也只是在本行业进行更深入的学习,而他们学习的指向也不是学术上的高深,而是专业技术上的娴熟。职业学校的目标是为社会培养合格的劳动者。在这个"特定目标"的导引下,职教生在读职业学校中需要从"自然人"变为"社会人",从学生变为"职业人"。因此职校的班主任教师应从这几个方面教育、引领职教学生树立确的发展观。班主任要切实把握时代脉搏,树立科学的职业学校学生发展观。引导学生全面发展和个性发展的和谐统一。

第三节　心理问题的应对

1．淡化法

减少关注直至自然改变外部信息刺激的强度。外部信息刺激与人的心理认知的相互作用,产生心理体验,心理认知、心理体验的不一致导致心理冲突,心理冲突无法排解,就可能导致出现心理问题。这说明,如果能够人为地避免会导致心理冲突的外部信息刺激,做到减轻或消除外部刺激对心理认知的影响,就能弱化心理体验的强度,从而减轻心理认知和心理体验的冲突。例如,有时,当我们小心翼翼地和某人相处的时候,反而处理不好关系,处处感到别扭,造成了很大的心理负担。在这样的情况下,如果干脆随它去,顺其自然,反而没问题了。

2．回避法

耳不听来心不烦,回避刺激转换大脑兴奋灶。转移注意力,尽可能回避、躲开导致心理困境的外部刺激,在个体即将或已经陷入心理困境体验可能导致某一心理困境时,就该主动回避,不在困境的时空中久久驻足。

3．换脑法

转念一想豁然开朗，换一种认知解释事物。如果说，转视法是换个角度看外部的事物，那么，简称的换脑法就是转换认知，更新观念，重新解释外部环境信息，也就相当于换一个脑袋思考、解释问题。在个体出现心理矛盾和冲突的时候，可以通过换脑法，减少或消除心理认知与心理体验的矛盾冲突。例如，某位同学为自己考试发挥失常没有考上重点职中而遗憾时，他应该放弃"成者为王，败者为寇"的理念。多记取"是金子，在哪儿都会闪光"的名言，沮丧的情绪会大大缓解。期考时，如果老担心考砸了，不仅跟家长、老师不好交代，自己面子上无光，而且还要补考。假期也不得轻松。心理素质不太好的同学会特别焦虑，以至脑子僵化甚至一片空白。但是，若把考试当作检测自己平时学得怎么样，自己尽力而为就是了，情况也许会好得多。

4．转视法

横看成岭侧成峰，换个视角看问题。并不是任何来自客观现实的外部刺激都是可以回避或淡化的，但是，任何事物都有积极和消极体。把消极转化为积极情绪体验，就能走出心理困境。在审视、思考、评判某一客观现实或情境时，学会转换视角，换个角度看问题，常常会使人感到痛苦不堪的心理困境转眼化为乌有。例如，某位同学考试时，遇到难题，想请好友帮个忙，把答案用条子传过来，被拒绝了，他难以接受，生出怨恨，产生消极的心理体验："我平时对他这么好，关键时刻他竟然这样对我。"但是，如果他能站在对方的角度设身处地地考虑，他就会意识到是自己的要求过分了，心中的怨气大多能得到化解。

5．补偿法

"改弦易辙不变初衷，失之东隅收之桑榆。"个体往往难免由于一些内在的缺陷或外在的障碍以及其他种种因素的影响，导致最佳目标动机受挫。人会采取种种方法来进行弥补，以减轻、消除心理上的困扰。这在心理学上称为补偿作用。一种补偿是在目标实现受挫时，通过更替原来的行动目标，或变换实现目标的途径，或克服实现目标过程中的障碍，求得长远价值目标实现的方法。如有一位优秀运动员，意外伤残，无法再参加比赛，便转向了体育科研，在运动员取得成功的同时，他也实现了自己的价值，使原先未能实现的目标得到补偿。著名指挥家日本的小泽征尔原来专攻钢琴。他在手指摔伤、十指的灵敏度受到影响后，曾一度十分苦恼。后来他毫不犹豫改学指挥而一举成名，从而摆脱心理困境。

6．降温法

退一步海阔天空，切合实际调整目标。一个人的目标或抱负水平越高，其付出就越多，但失败的可能性也越大。常言道："希望得愈热烈，失望的痛苦就愈深。"当个体的动机不能实现，实现目标的需求不能满足时，就可能有受挫感，产生心理紧张或痛苦。避免或缓解这种状况的一个有效措施,就是当在实现目标过程中受挫时,及时调整目标,使之更加切合实际,从而易于实现。

第四节 职业学校女生的心理健康特点

一、女生心理健康特点

1.自我意识方面

自我意识是心理健康的核心,一个人是否具有良好的心理素质,最重要的是看她是否自我接受和认可,也就是看她有没有成熟的自我意识和健康的自我形象。女生由于正处于青春期发育的关键时期,其身体生理方面的变化决定了她们会过分注重自己的身高、体重、体形、外表、衣着等,由于自己某一方面不如别人,就往往会产生自卑、自暴自弃、自信心不足等;有的人不切实际地高估自已,往往会产生目空一切、骄傲自大、得意忘形的后果,致使人际关系(也就是俗话说的人缘)受损;也有的人会觉得周围的人不喜欢自己,难以找到知心朋友,从而感到孤独和寂寞。

2.人际交往方面

女生在校学习期间,要和老师同学以及社会上的特定人员接触、交往、沟通,建立良好的人际关系,来促进自己的学习和提高。但是在人际交往过程中,由于其在认知情绪和人格等方面因素的影响,容易产生主观的好恶、恐惧、愤怒、嫉妒、自卑、自负等现象,表现为:根据自己的喜好推断、判定别人应有的符合自己愿望的议论和行为表现;害怕见生人甚至老师、领导,人多时紧张不安、语无伦次;由于某一问题或现象不能满足自己的愿望或目标时产生攻击行为或将其压抑在心底,不能通过正常的途径加以释放调解;因为做事不成功或无法超越别人时产生羞愧、怨恨情绪,导致失控行为发生,不能正确地认识自己,过分看重别人对自己的看法,老觉得己不如人,或者因过高估计自己的能力而自命不凡、傲气十足、唯我独尊、虚荣心强。

3.恋爱交友方面

女生在校期间为了满足她们生理和心理上的需求,她们往往会选择交异性朋友,甚至恋爱来解决,但是由于其年纪毕竟还小,生理心理毕竟没有完全成熟,所以在这一时期的交友恋爱以及日常生活中会有以下表现:早恋:受不良书刊及影视作品的影响,使自己过早进入谈情说爱阶段,从而导致学习不专心,上课走神,神思恍惚,精神萎靡;同时由于年轻无知和好奇心作怪,处于恋爱阶段的职教生往往会做出出格举动,过早品尝爱情禁果。由于思想单一,行动盲目,恋爱过程中的分手会导致自杀等极端行为出现；相互攀比的心理和争风吃醋会导致"决斗"、群殴等事件的发生。交友：与社会不法分子或不法团伙以及校内团伙结交勾结，达到引人注意、受人保护、报复打架的目的。

4．就业方面

职校学习期间，由于在校期间各种因素的影响，部分职教生的学习成绩特别是专业技能方面不能达到国家教学大纲要求的标准，使她们在择业面试过程中被淘汰的机会增加，甚至在走上工作岗位后由于在职业道德方面的严重欠缺致使不能遵守单位规章制度，违反纪律，没有集体观念，不能为单位利益着想，遭到单位的辞退，对她们的心理上造成了极大的损害，产生自卑、自暴自弃甚至报复心理，从而对个人和社会造成无法弥补的损失。

二、影响女生心理健康因素

1．生理因素

女生在14~18岁正处于青春期发育的中后期，经历着人生的第三个"发育高峰期"。在此期间，女生的心理发展也在经历一个由不成熟到成熟、不定型到定型发展的过程。处于青春期中后期的女生，其体形（包括身高、体重等）、骨骼、肌肉、生理机能都要发生明显变化，这些变化对女生的心理发展也会产生显著的影响。

（1）形体变化对心理发展的影响。女生的身高体重增长变化迅速，对女生心理的潜影响比较大。女生对身高的增加比较祈盼，对体重的增加则比较恐慌，因为女生都希望自己拥有一副苗条的身材，使自己更具魅力，体态较胖的女生在与人交往的过程中会有一种自卑感，会影响其自信心的树立。

（2）生理机能变化对心理发展的影响。正常情况下，随着年龄的增长，循环、呼吸系统不断健全发展，能够适应女生剧烈的体育运动和紧张的学习生活，满足她们追求多姿多彩校内外生活的需要，如果其循环、呼吸系统发育不完善，便会显示出身体外表方面的病态，阻碍心理的健康发展，进而直接影响学习成绩的提高和各方面的完善。

2．学校因素

女生从初中时期起，就踏上了应试教育的道路，学习压力大，家庭、学校、社会期望值高，学生心理负担重。同时，为了能考上重点高中，学校里非主科的教学安排大大减弱，严重影响了学生的全面发展，致使学生的许多发展课程向后推延，心理发展没有达到应有的水平，主要表现为缺乏独立生活能力、和人沟通难、情绪不稳定、意志薄弱、挫折承受能力低等。进入职业学校后，她们又遇到了一些新的问题，比如：学习内容改变明显，课程增加，对所选择的专业不能很快适应,学习时间紧、任务重,学习压力增大等。因多数女生在当初选择专业时的盲目性或过分听从家长教师的话而选择了与个人兴趣爱好不符合的专业,入校后出现心理苦闷,消极悲观,学习动力下降。部分学校设施不足,或盲目扩招导致设施不够用,管理观念僵化落后,忽视学生全面发展的需要,一味强调文化专业课学习,致使学生业余生活单调,不能合理有效地调节自己的学习和生活,使其身心长期处于紧张状态。学校内部及周边治安环境差,学校内的拉帮结派现象迫使学生为求自身安全向学生中的小团体、团伙屈服,导致其心理上没有安全感,对学校缺乏信心和信任感,严重影响了学习生活的正常进行和心理的健康。种种因素相互交错,在女生身上产生了多方面的负面影响,使女生的心理问题进一步加剧。

3. 社会因素

目前,我国社会正处于东西方文化交汇、多种价值观念冲突的时代。女生由于正处于青春期发育的中后期,思想活跃,接受新生事物的能力强,很容易受到外界的影响。她们在中小学接受的是中国传统的文化道德教育和重义尚礼、讲究集体利益高于私人利益的传统美德教育。随着改革的深入和学生知识的增加、接触面的扩大,西方世界的那种重利尚法、注重竞争、讲究个人利益的观念慢慢地渗透到他们的思想中,影响着他们对世界、对人生、对未来的看法。面对中国传统文化和价值观念与西方文化和价值观念的冲突,年轻的女生面临着选择。在选择的过程中,她们常常会感到茫然、疑惑和不知所措。在个人利益与个人主义、个性发展与个性放纵、自我意识与自我中心等问题上的艰难选择使她们感到困惑。但是,女生的年龄特点决定了她们对新鲜和新奇事物的好奇心理使她们乐于接受外来文化,而辨别能力弱则意味着她们更容易被西方文化中的糟粕所浸染。西方文化中的很多观念与中国社会现实格格不入,使女生陷入混乱、压抑、紧张的心理状态,长期的这种心理压抑和心理冲突必然要产生相应的心理问题。

三、女生心理问题应对的策略

1. 学会学习

能正确、客观的认识自然和社会,头脑清晰,能以积极正确的态度面对现实问题和困难,既不回避矛盾也不盲目空想,不对自己智力妄自菲薄,缺乏信心,应相信自己完全有能力完成学业。

2. 学会了解自己、接纳自己、完善自我

了解自己,对自己的能力、性格和优缺点能做出恰当、客观的评价,对自己不会提出苛刻、过分的期望和要求;同时,努力发展自身的潜能,对自己无法补救的缺陷能泰然处之。

3．学会交往

既要学会表达自己的思想观点，也要能够理解和接受他人的思想感情；要学会与人沟通，学会选择朋友，学会维持良好人际关系的方法。

4．自己该扮演的角色

要有性别意识，接纳自己的性别，能按照社会期望的性别角色塑造自己的形象。知道两性关系，注意修饰打扮自己，喜欢在男性面前表现自己阴柔之美。

5．适应社会，迎接挑战

正确认识环境，摆脱各种干扰，处理好个人与周围环境的关系；了解社会的各种规范，自觉用规范约束自己；观察各种社会变化，以及了解这些对自己提出的要求，以便更好地调整自己，适应社会变化。

6．稳定情绪

掌握情绪调控的方法，掌握适度表达、控制、调节自己情绪的技巧，做到经常保持平和和快乐的情绪状态。

7．培养自己完整的人格

要有决心、有恒心。不怕困难和挫折，具有积极进取的世界观、人生观、价值观，并能把自己的需要、愿望、目标和行动统一起来。

第十章 礼仪与素质教育

第一节 中职生礼仪教育

一、如何做到文明礼仪

中国具有五千年文明史,素有"礼仪之邦"这称。"有礼则雅""美则合礼"。礼仪是交际活动的一种礼节美或仪式美,是衡量一个人的教养水平和综合素质的基本标准。掌握礼仪的规范,养成良好的习惯,有助于我们的工作与生活。

案例

礼仪助我成功

李某,成都某职业学校 2010 届航空服务专业毕业生。与竞争对手相比,她的相貌并不出众,在海南机场的招聘面试时,因为得体的套装、合适的淡妆、文明的言谈、得体的举止,李某给招聘单位留下了良好的印象,从一大批帅哥美女、大专生与本科生中脱颖而出,成功进入海南机场南航 VIP 接待处。现在,她已成长为机场值机部主任。李某认为,自己的成功与在校期间严格的礼仪训练密不可分。

1. 规范自己的行为

崇尚美丽是每个人的天性,对于年轻人来说,追求时尚无可厚非。但是,我们还应该注意到,人是有身份有差别的,比如我们现在的身份是中职学生,周围是老师和同学,出了校门还会有更多种身份的人跟我们接触。人们对不同身份的人应该是什么样子,有一种约定俗成的看法,如果看到你与他们自己的固有看法不一样,就会产生不合拍的感觉,心里觉得别扭,这将直接影响他人对你的第一印象,也就影响了他们对你的结论性看法。中职学生的外表形象应该追求自然得体,打扮和举止都应该符合规范。

从社会交往的角度来看,一个人与他人初次接触时,最初的 7 ～ 15 秒钟非常关键。在这个短暂的时间内,对方就能够形成一个初步评断,也就是心理学上说的第一印象。这个印象甚至可以决定对方会不会接纳你、愿不愿意跟你继续交流下去。据美国专家研究表示,第一印象受下列因素影响:55%取决于外表形象,包括服装、个人面貌、体形、发色等;38%是行为表现,包括眼神、表情、语气、语调、手势、姿态等;7%是真才实学。

(1)发型。

世界各国的学校对学生的发型一般都会有相应的要求,我国绝大部分学校对学生的发型也进行了规范:简便、整洁、自然、长短适中。女生可根据专业要求做适当的面部修饰。

(2)仪容仪表。

不单是学生有仪容仪表要求,各行各业都有特定的仪容仪表要求和规范,而且是从业人员必须遵守的规范。

作为中职学生,服饰除了讲求色彩鲜明、线条流畅、明快简洁,还要按照学校的要求着装、不佩戴饰物,特别注意要学会穿着职业装,提前适应,为自己顺利步入职场做好准备。

2.注意你的言谈举止

言谈举止是一门艺术,也是个人礼仪的重要组成部分,更是自我修养的纯朴本色。在人际交往过程中,恰当使用得体的礼貌用语,不仅可以表现出个人的亲切、友好与善意,还能够传递出对交往对象的尊重,有助于双方产生好感,接受彼此。

案例

有礼貌带来机会

蒋敏是一名中职学校三年级的学生,她在面试某网络公司行政客服一职时,由于过于紧张,发挥失常。就在她心灰意冷时,一位中年男士走进面试室和考官耳语了几句。在他离开时,蒋敏起身毕恭毕敬地对他说:"您好,请慢走!"这位男士眼中流露出些许的诧异,然后笑着对蒋敏点了点头。

第二天,蒋敏接到了试用通知。后来主管告诉她,那天进来的中年男士是人事部经理,正是她那句礼貌的问候,让经理看到了她在客服工作中能够友善地进行人际交往的潜质,所以给了她试用的机会。

在使用礼貌用语时,要做到态度诚恳、声音适宜、语气平和、善用敬语。我国提倡的礼貌用语是十个字:"您好""请""谢谢""对不起""再见"。

3.仪态

仪态是胜过有声语言的形体语言,通常是指人的动作、举止、表情和神态,是一种身体语言。我们的每一个动作——一个微笑、一个皱眉、一扬手、一跨步等都在向别人传递信息,即人们常说的"体态语言"。美的仪态之所以赏心悦目,是因为它体现出一种合乎礼仪的规范,一种个人的蕴涵和修养、气质和风度。美的仪态,是多种多样的美。正如古人所说的"仪态万方"。美的仪态,不仅体现了外表姿态的美好,而且体现出内在的、更深层次的美丽。

4.礼仪

礼者敬也,仪者宜也:礼仪的核心是一个人对他人或自己所做的事,发自内心地产生应有的尊重。我们尊重所有生命,首先要从尊重自己开始;我们讲究礼仪,首先要从个人内心开始。只有真心诚意,才能修身齐家,才能更好地与人沟通相处,才能更好地融入社会生活当中,成为一个更加完美的人。

要成为一个具有社会适应力的从业者,请用礼仪规范要求自己;要成为一个更加完美的人,请从完善礼仪开始!

生活在这个世界、这个时代,我们既是个体的人,又是社会的成员,我们既追求自我,又应该融入集体。身处在相对平静的校园,除了讲究校园礼仪,我们还要遵守社会礼仪规范。合乎礼仪规范的行为习惯,不仅是我们适应职业的需要,还是我们适应社会的需要。

当今社会就业竞争日趋激烈,人才选择日益严格,用人单位不仅重视我们的专业知识、职业技能,还非常重视包括职业道德、思想水平、礼仪修养等在内的综合素质。

二、现代礼仪

在中国古代,礼仪是为了适应当时社会需要,从宗族制度、贵贱等级关系中衍生出来,因而带有那个时代的特点及局限性。时至今日,现代的礼仪与古代的礼仪已有很大差别,我们必须舍弃那些为剥削阶级服务的礼仪规范,着重选取对今天仍有积极、普遍意义的传统文明礼仪,如尊老敬贤、仪尚适宜、礼貌待人、容仪有整等,加以改造与承传。这对于修养良好个人素质,协调和谐人际关系,塑造文明的社会风气,进行社会主义精神文明建设,具有现代价值。

1.仪容仪表

(1)化妆的细节。

①化妆要视时间场合而定。在工作时间、工作场合只能化工作妆(淡妆)。浓妆只有晚上或出席盛会才可以化。外出旅游或参加运动时,不要化浓妆,因为在自然光下会显得很不自然。

②不要议说他人的妆容。由于文化、肤色以及个人审美观的差异,每个人的妆容不可能是一样的。切不可对他人的妆容评头论足。

③不要在他人面前化妆。化完妆是美的,但化妆的过程则不雅观。

④不要借用他人的化妆品。这不仅不卫生,也不礼貌。

⑤吊唁、丧礼场合不可化浓妆,也不宜抹口红,保持素颜,也可化淡妆。

（2）发型要与服饰相协调。

①与礼服相配:女士在比较庄重的场合,穿礼服时,可将头发挽在颈后,显得端庄、高雅;

②与连衣裙相配:如果穿 V 字领连衣裙,就可将头发盘起,如果穿外露较多的连衣裙,可选择披肩发或束发;

③与西装相配:因西装给人以端庄整洁的感觉,发型也要梳得端庄、大方,不要过于蓬松。

（3）其他细节。

①不得在公共场合修剪指甲。社交活动中,人与人之间需要握手。手是仪容的重要部位。一双清洁没有污垢的手,是交往时的最低要求。要经常修剪指甲,指甲的长度不应超过手指指尖。特别值得提出的是,在任何公共场合修剪指甲,都是不文明、不雅观的举止。

②体毛必须修整。鼻毛不能过长。过长的鼻毛非常不雅观,可以用小剪刀剪短,不要用手拔,特别是当着其他人的面;腋毛在视觉中不美观也不雅观,白领男士和女士应有意识地不穿暴露腋毛的服饰,女士在社交活动中穿着露腋窝服装前,必须剃去腋毛,以免有损整体形象;在社交和公务场合,男士不得穿短裤,不得挽起长裤的裤管;女士在穿裙装和薄型丝袜时,如露出腿毛,应先将其剃掉。

③保持牙齿清洁。牙齿是口腔的门面,牙齿的清洁是仪表仪容美的重要部分,不洁的牙齿被认为是交际中的障碍。在社交场合进餐后,切忌当着别人的面剔牙,可以用手掌或餐巾纸掩住嘴角,然后再剔牙。如果口腔有异味,必要时,嚼口香糖可减少异味,但在他人面前嚼口香糖是不礼貌的,特别是与人交谈时,更不应嚼口香糖。

2. 西餐礼仪

（1）刀叉使用礼仪。

①右手持刀或汤匙,左手掌叉,如有两把以上,应由外依次向内取用。手握叉子时不要像握大提琴那样,应轻握尾端,食指接在柄上。

②不要手握刀叉在空中飞来舞去用以强调说话的某一点,也不要将刀叉的一头搭在盘子上,一头放在餐桌上。

③刀叉一旦拿起使用,就不能再放回原处。

④刀子放在盘子上时,刀刃朝里,头在盘子里,刀把放在盘子边缘上。

（2）餐巾使用礼仪。

①不要拿餐巾用力擦嘴,要轻轻地沾擦。

②不要抖开餐巾再去折叠,不要在空中像挥动旗子那样挥动餐巾。

③餐巾应放在大腿上,如果离开餐桌,要将餐巾放在椅子上,并把椅子推进餐桌底下,注意动作要轻。

④用餐结束时不要折叠餐巾;否则,不了解情况的服务生可能会再给别的客人使用。

⑤用餐结束时要将餐巾从中间拿起,轻轻地放在餐桌上盘子的左侧。

3.打电话礼仪

(1)选择打电话的恰当时间。

拨打电话应选择对方方便的时间,休息和用餐时间、节假日一般不宜打电话,更不宜打谈公务的电话;用餐时间前半个小时,如果不请别人吃饭,不宜打电话;给海外人士打电话,先要了解时差。

(2)说话应当简明扼要。

通话前应当充分准备,通话时应适当问候对方,自报家名,按准备好的内容简要说明,适可而止,宁短勿长。

(3)声音适当,吐字清晰,语速均匀。

声音太高则震耳,声音太低则对方难以听清,要根据当时的环境调整声音的高低。说话时要准确清晰,语速均匀。

(4)注意打电话的举止和环境。

在接打电话时,不要以为对方看不见就一边挖鼻孔一边接打,在厕所里不要打电话,如果必须接电话,要最大程度地简短,不要像唠家常一样长篇大论。在餐桌不宜接打电话,如果必须接时,要离开餐桌,或者转到一边,不可对着菜盘子大呼小叫。在人多的地方或时候,不宜大声喧哗。

(5)及时接电话和回电话。

一般在铃声响过三遍之内接听,如果说话不方便,应当告知对方过一会儿打过去,或者和对方约定几时再打过来;如果发现存在未接听的电话,一般要主动回话,当然,陌生的电话不在此列。

4.职场工作礼仪

在办公场所里要特别注意个人形象,即行为举止要得体,讲究分寸,要与办公场所的气氛、环境以及所从事的工作性质相协调。办公场所里的个人形象主要体现在以下几个方面:

(1)仪表端庄、大方。

要注意个人卫生和整洁,发型要简洁,给人以干练、清爽的感觉,女士应略施淡妆,不化浓妆。服饰穿戴简洁、庄重,忌穿牛仔装或无领无袖的衣服,忌穿拖鞋。

(2)举止要庄重、文雅。

注意保持良好的站姿和坐姿,不要斜身倚靠办公桌,更不能坐在办公桌上。不要在办公室里吃东西,尤其不要吃瓜子等有响声的食品。

（3）说话要文明,有分寸。

办公场所不要使用亲昵的称呼。不要总是抱怨、发牢骚或闲聊。

（4）遵守公共道德和行为准则。

不要无限制地使用办公用品。办公室中的传真机、公函信封、信纸和其他办公用品等仅用于办公,不作私用。

5．公交礼仪

（1）候车时的文明礼仪。

①候车时要在站台或指定地点等候车辆,不要站在车道上候车。

②排队候车,按先后顺序上车,不要拥挤。

（2）上下车的文明礼仪。

①等车辆停稳后,依序上下车,不要争先恐后。

②遇到太拥挤的车辆,尽量不要上车,如强行攀立车门,容易发生危险。

③上下车时,先下后上,不要争抢;由前门上车,后门下车。

④上下车要礼让,不乱跑,不乱跳。

⑤扶助老弱妇孺,残障者先上车。

⑥下车后,不要从车前或车后穿越道路,等车开走后,才可通过。

（3）车内文明礼仪。

①上车后尽量往里走,不要站在车门口。

②乘客乘车应文明礼貌,主动给老、弱、病、残、孕及抱婴者让座。

③上车后应当注意乘车安全和妥善保管好所带财物,不要把头、手、胳膊伸出窗外。

④乘客应遵守公共道德,不要在车辆内嬉戏、大声喧哗,车厢内禁止吸烟,不得随地吐痰,乱扔果皮纸屑等杂物,不得兜售商品和散发广告。

⑤在车厢内不要和司机闲谈或妨碍驾驶室正常操作。

⑥不要为同伴预占座位。

第二节　中职生素质教育

一、中职生应具备的素质

素质教育是以思想道德教育为核心,以创新精神和创新能力为重点,一个人能否成才,目标志向是前提,知识能力是基础,思想道德为根本。二十一世纪高素质人才的要求主要包括政治思想道德素质、专业素质、人文素质、心理素质、身体素质和创新素质等方面。

（1）政治、思想、道德素质。

政治、思想、道德素质，从根本上讲，就是一个人的政治态度、思想道德水准和社会责任感，就是把自己的事业与祖国的前途、人类的文明、社会的进步融为一体的品格。在建立市场经济过程中，拥有"祖国的利益高于一切"和"国家兴亡、匹夫有责"的政治品格，显得尤为重要。新世纪的人才首先要有实事求是、敢于坚持真理的精神，其次要具有良好的社会公德、职业道德，应牢固树立全心全意为人民服务的意识。政治、思想、道德素质是人生发展的原动力，是高素质人才的基本点。

（2）专业素质。

专业素质是指专业理论知识及相关知识的掌握，以及运用这些知识解决实际问题的技能。二十一世纪的时代特征决定了高等教育必须培养高层次的专业人才。邓小平同志多次强调学习和掌握科学文化知识的重要性，他指出："只靠坚持社会主义道路，没有真才实学，还是不能实现四个现代化，无论在什么岗位，都要有一定的专业知识和专业能力。"因此，专业素质教育不应只是专业知识、技能的传授，更要培养基础扎实、知识丰厚、能力全面、素质优良的新型人才。

（3）心理素质。

中职生正处在人生发展的重要阶段，面临着成长、学习、交友、就业等种种发展课题，良好的心理素质是现代人才的必备条件和基本要求。

心理素质是人的整体素质结构的核心，是其他各种素质的基础。因此，开展心理素质教育不仅能使个体保持健康的心理状态，令其具备良好的心理素质，同时也能为个体接受其他方面的素质教育提供良好的心理条件。中职生心理素质教育是时代发展的要求，是德育创新的要求，是学生健康成长的要求。职校心理素质培养关注的不仅是学生的心理健康，更关注学生自我评价、情绪管理、挫折承受、个性发展、人际交往、科学学习、潜能开发、婚恋态度、适应发展、求职择业等，重视的是学生的全面均衡发展。

（4）人文素质。

孔子有弟子三千，贤人七十二。而孔子最欣赏的不是子路的勇敢和帅才，不是子贡的外交能力与商业能力，不是冉求的"可以面南"为王的才华，而是颜回的"人不堪其忧，回也不改其乐"的高尚人文素质教育除了传授知识、培养技能以外，更重要的任务是对学生进行人格的培养、情操的陶冶、人文精神的培养。在发展智力因素的同时，把非智力因素的发展看作同样重要的目标。正如爱因斯坦在《论教育》中指出："从学校走出来的人不应该只是一个专家，而应该是一个和谐的人。"

①具备较高的人文素质能够丰富中职生的精神世界,培育学生的民族精神,增强其精神力量;

②具备较高的人文素质有助于培养中职生的人文精神;

③具备较高的人文素质可以大大丰富中职生的内在情感,促使其情感智慧的提升;

④针对当今世界普遍存在的重科技、轻人文的倾向,加强人文素质教育将在很大程度上克服目前由于教育的太专门化所造成的科学与人文的分裂,改变各专门人才的"单向度"倾向,使得二十一世纪中职院校学生既有科学素养,又富人文精神,既有专业知识,又有健全人格。这将是我国走向真正意义的现代文明的可靠保证。

二、培养良好素质的途径

当代青年学生要努力学习,勇于实践,不断总结,逐步提高,将自己培养成为"全面发展的人",以较高的综合素质适应未来新的机遇和挑战,为建设有中国特色的社会主义伟大事业发挥聪明才智。

1.优良的思想政治素质和道德素质的培养

(1)培养优良思想政治素质的途径。

①认真学习政治理论,用科学的思想武装自己的头脑。中职生要努力学习马列主义、毛泽东思想、邓小平理论和"三个代表"重要思想,只有具备了扎实的理论基础,才能从根本上认清人类社会发展的历史规律、社会主义现代化建设的历史规律,才能深刻理解党在社会主义初级阶段的基本路线和各项政策方针,从而保持政治上的清醒和坚定,自觉为全面建设小康社会开创有中国特色社会主义事业新局面而努力奋斗。

②自觉加强爱国主义、集体主义和社会主义教育。"三个主义"教育目的在于把学生培养成为具有爱国主义情感、集体主义责任感并肩负社会主义现代化建设艰巨使命的接班人。回顾中国近代落后挨打、受尽欺凌的屈辱史,缅怀无数先进的中国人为追求救国救民的真理,作为中职学生,不仅要胸怀大志,努力学习掌握科学文化知识,为将来建设社会主义现代化积蓄能量,而且应当从小处着手,在生活中自觉遵守法律法规、学校规章制度,按《公民道德建设实施纲要》标准严格要求自己,把爱祖国、爱集体、爱社会主义与爱中国共产党渗透在一言一行、一举一动中。

③积极参加社会实践活动,自觉提高政治水平和参政能力。加强思想政治素质的培养,不仅要靠学习理论,更得要靠实践。人的正确思想归根结底是从实

践中来的,思想政治修养作为一种思想认识和政治态度,它的形成和发展决不能离开社会实践。只有积极地投身于有中国特色社会主义现代化建设的伟大社会实践,才可以在实践中不断检验和修正自己的认识,提高思想政治素质和政治水平。

④坚决抵制错误思潮的侵袭。由于社会的复杂性,青少年在成长过程中,不可避免会受种种不正确的甚至是有害的思想的影响和腐蚀。当今世界,社会主义与资本主义两种社会制度、两种意识形态并存,和平演变与反和平演变、渗透与反渗透、西化与反西化的斗争仍将长期存在,并且时有激化。虽说"和平与发展"是时代主题,但是局部冲突和民族纠纷仍然此起彼伏,自冷战以来从未停止过。只要这个世界上还存在着民族间的、地区间的、国与国间的事实上的不平等,各种利益冲突就一刻也不会停息。而深藏在各种利益背后的正是不同阶级的政治思想、社会意识、风俗观念等。

(2)培养优良的道德素质的途径。

①要坚持从一点一滴的具体实事做起,养成良好的道德习惯。中职生应该从身边的小事做起,"勿以恶小而为之,勿以善小而不为",做执行社会公德的楷模,同时还要立足高层次道德规范的追求,以培养高尚的道德意识和行为。

②学习先进人物的优良品质。在自我修养中,学习先进人物的优良品质,是一个重要的方法。榜样的力量是无穷的,道德榜样对于中职生进行道德修养具有特殊重要的意义。中职生正处在世界观、人生观形成时期,有很大的可塑性。以什么样的人为榜样,不仅直接关系到良好道德素质的形成,而且在人的一生中都产生重要作用。中职生要见贤思齐,向先进人物学习。

③努力实践"慎独"道德修养方法。"慎独"是一种道德修养方法,又是道德修养所达到的最高境界。它是指一个人在独处、无人监督的时候,仍十分谨慎、自觉地遵守道德原则和规范,不去做任何违背道德的事。中职生要努力做到"慎独",增强自控能力,形成良好的道德素质。

2.专业素质的培养

(1)专业知识的学习与专业科研的开展日趋一体化。

由于科技的高速发展和社会的急剧变化,当代一些现实问题,例如生态危机、通货膨胀、经济和政治体制改革、企业效益提高等社会问题,都具有相当大的难度和复杂性。可以说,职校几乎所有的专业,都会涉及一系列需要解决的新矛盾和新问题。学生如果仅仅停留在书本知识的学习上是不可能真正学好或掌握专业知识的,而必须在学习的同时在教师的指导下开展一些科研活动,一边学习一边研究,在研究中学习。只有如此,才能掌握和领会所学专业的基本理论知识,学到的知识也才是社会所急需的。

（2）专业知识的学习与学习方法的掌握和运用日趋一体化。

比起上一代人来说，当前中职生所面临的形势、任务和社会竞争，明显地更为复杂和尖锐。在这种情况下，如果专业知识的学习仅停留在教师的单向传授的传统模式上，已经远远不能适应社会发展对人才素质的需求标准。因此，现代教育不仅是传授给学生专业知识，而且更重要的是教会学生自己去获取知识，让学生自觉地掌握获得知识的方法。

（3）掌握扎实的专业基础知识与了解最新的专业发展信息日趋一体化。

科技发展的加速使专业知识的更新期相应缩短，中职教育阶段的任何一门学科起点的知识水平都在逐年提高。如何在专业教学过程中使学生尽快掌握扎实的专业基础知识，又尽快获取本专业发展最前沿的动态信息，无疑成了专业教育的重难点之一。

现代教育的实质是主体教育。在培养和提高学生的专业素质的过程中，最重要的一点是培养学生的主体精神，也就是探索开拓创新的精神、艰苦勤奋的精神、对事业献身的精神。这种主体精神，是对专业，对事业责任感、使命感的最高体验，只有具备这种精神，才能从真正意义上提高专业素质。有了这种主体精神，中职生可通过以下一些途径来调整和完善自己的知识结构：培养扎实的专业素质，认真参加课堂学习；有选择地选修、辅修一些相关专业及有利于文理渗透的其他专业的一些课程；积极参加校内外的科技、人文学术讲座；努力自学与本专业领域相关的知识。

3. 人文素质的培养

（1）课堂教学和课外教学相结合，是提高中职生人文素质的重要途径。

在课堂学习中，中职生要认真学习学校开设的人文素质教育的必修课和选修课，如文学、历史、哲学、艺术等人文社会科学课程，使自己在深厚的人文教育氛围中受到启迪与熏陶。在课外教学中，中职生要积极组织参与开展专题讲座、名著导读、名曲名画欣赏、文艺汇演、影视评论、课外阅读、体育活动等丰富多彩的文化活动，以丰富课余文化生活，陶冶情操，提高文化修养，在寓教于乐、潜移默化中自觉接受人文素质的不断渗透。

（2）校园文化对于学生陶冶情操、砥砺德行、磨炼意志、塑造自我具有非常重要的作用。

人文精神的塑造既要依靠系统的教育，也要依靠与主流文化相结合的校园文化氛围的潜移默化的影响。所以，中职生要以主人翁的姿态积极参与校园人文环境建设，共同创建良好的校园文化环境；校园的整洁和绿化，校训和行为规范、人文景点、教室与实验室布置、图书资料建设等，都能使中职生从中受到感染，得到熏陶。

（3）中职生参加社会实践活动，是加强文化素质教育的重要方面。

因此，中职生要结合自身需要，积极地组织和参与社会实践活动，如参观校内外的人文景点、历史博物馆、自然科学博物馆；参加社会调查、访谈等活动；参与社会志愿服务工作等。在实践中，不断提高自身的行为修养。

中职生人文素质的培养是靠学校教育教学的精心设计、言传身教，是靠学校人文精神的陶冶，是靠学校学术氛围与幽雅环境耳濡目染、潜移默化的熏陶，更是靠学生自觉磨炼和提高综合素质的意识和行动才能完成的。

4．身体素质的培养

（1）要养成良好的生活习惯。

生活习惯是生活方式的一种表现形式。现代科学证明，良好的生活方式（包括生活习惯）是人类身心健康的重要保证，是具有积极意义的卫生保健措施。不良习惯和嗜好是诱发身心疾病的重要原因之一。例如吸烟可能使注意力涣散、记忆力变差、思维变得不敏捷，致使学习效率降低，更危险的是可能导致肺癌。又如酗酒对身体健康的危害也很大，因为饮酒过量会引起酒精中毒，这不仅会使听力、记忆力减退，而且也使自己的形象和人格受到损害。

（2）要有合理的饮食结构。

在中职生中，由于刚刚脱离家长对自己生活的照顾，自我良好的生活饮食习惯还没有养成，有时为了及时赶上上课时间，同学们往往不吃早饭。早饭作为人们一天中储备体能的开始，对建立强健的身体素质，保持良好的精神状态都有着十分重要的作用。因此，倡导建立合理的饮食结构对广大同学身体的健康有着十分重要的作用。

（3）加强身体锻炼。

健康的身体在于日常锻炼。积极进行体育锻炼，不仅可以健壮身体，而且可以磨炼意志。进行体育锻炼要有科学的方法，才能收到预想的效果。首先，运动要有规律，量力而行，循序渐进，贵在持之以恒。只有坚持每天适当的锻炼，才能达到增强体质的目的。其次，要重视卫生保健，要了解运动生理和知识，重视体育卫生，以防止运动可能带来的伤害。

（4）要养成诚信、文明的上网习惯。

网络是现代社会进步发展的产物，在给我们带来诸多便利的同时，也产生了诸如网络行骗、虚假宣传等许多危害社会的问题。中职生作为应用网络的重要群体之一，由于网络缺少必要的规则性，同学们自身又缺少必要的引导，长时间的上网导致了中职生学习成绩和身体素质的下降，也严重影响了同学之间的沟通与交往。据医学家考证，长时间的不文明的上网方式是导致现在社会心理疾病增加的一个重要原因。所以，在中职生中建立诚信、文明的上网习惯，对自身思想道德水平的培养和引导整个社会建立文明的网络习惯都有着重要意义。

5．心理素质的培养

（1）中职生心理健康的标准。

①具有正确的自我意识，接纳自我。自我意识是人格的核心，一般是指人对自己与周围世界关系的认识和体验。

②能保持对学习较浓厚的兴趣和求知欲望。

③能协调与控制情绪，保持良好的心境。心理健康者经常能保持愉快、自信、满足的心情，善于从行动中寻求乐趣，对生活充满希望，情绪稳定性好。

④能保持完整统一的人格品质。心理健康的最终目标是保持人格的完整性，培养健全人格，人格完整是指人格构成的气质、能力、性格和理想、信念、人生观等各方面平衡发展并能适应社会环境。

⑤能保持和谐的人际关系，乐于与人交往。

⑥能具有良好的环境适应能力，包括正确认识环境及处理个人和环境的关系。

⑦心理行为符合年龄特征，一个人的心理行为如果经常严重地偏离自己的年龄特征，一般都是心理不健康的表现。

（2）中职生心理素质的培养途径。

①建立积极健康的心理模式。具有正确的价值观、良好的个性特征、宽阔的胸怀、积极乐观的生活态度，能接受不可改变的现实和改善能够改变的现实，能不断地学习、完善和充实自己，具有积极的自我意识，能解除世俗的束缚。

②增加思维的弹性。思维的弹性指的是中职生能从不同的角度来考虑和评价问题。也就是说既能从负面角度来看问题，也能从正面及中性的角度来看问题；既能用静止的眼光看问题，也能用发展的、辨证的眼光看问题。进而形成正确的认知方式或改变自己扭曲的认知方式。增加思考的灵活性，学会客观地思考问题，不钻牛角尖。

③积极地认知和评价。人的心理素质发展与人的认知评价系统有密切的关系。不同的人，对同一环境中的同一刺激，经常引起不同的身心反应。总体上讲，知识经验丰富的人比知识经验缺乏的人对环境做出的评价更为正确。个性心理特征开朗、坚定的人较能适应环境刺激，而性情抑郁、孤僻的人则较难适应环境刺激；身心健康水平高的人易对环境刺激做出较正确的评价，而身心健康水平低的人可能对环境刺激做出不正确的评价，引起不适当的生理心理反应，从而影响身心健康。

④运用科学的心理技术。每个人都有心理出现障碍的时候，诸如情绪低落、焦虑、孤独感、自卑等，通过借鉴一定的心理技术，如放松疗法、音乐疗法、自我催

眠等方法摆脱负性心理的困扰,使自己保持一种乐观、积极向上的生活态度。

⑤寻找有利的环境支持。人是环境的产物,环境也能够塑造人、改变人,但同时又要去适应环境、改造环境,寻找有利的环境支持,尤其是良好的心理素质的形成更需要环境给予人心理上的关照和支持。中职生满足实现自我的最重要的支持系统就是社会环境和人际关系。

⑥积极参与社会实践,在实践活动中培养健康的心理素质。人的心理素质是在社会实践中逐渐发育和成熟起来的,某些心理素质方面的欠缺,可以通过参加社会活动和学习而获得补偿。中职生由于本身社会经验和阅历的不足,在一定程度上造成了部分学生不健康的心理问题和心理疾病。因此,中职生应积极参加生产劳动和社会实践,正确认识社会,了解国情,增强建设祖国,振兴中华的责任感,提高分析问题和解决问题的能力,特别是辨别是非的综合判断能力、承受挫折的环境适应能力。

6.创新素质的培养

(1)培养创新精神。

学会自主学习,独立思考,提高分析问题和解决问题的能力,要敢于挑战权威,敢为天下先。

(2)培养创新意识。

创新是一个实践过程,也是一个意识过程,是在一定意识指导下的活动过程,创新意识是创新活动的灵魂。主体从事创新活动,是有目的、有意识的行为,没有意识的参与,任何创新都不可能进行。

创新思维的训练主要通过三个途径来实现:

①积极参加小发明、小革新等实践活动,在活动中培养自己的创新思维能力;

②培养创造性学习方法,自觉接受创新教育,学习关于创造、创造力等方面的书籍,经常做一些创造学家设计的训练题,能收到提高创新思维能力的效果;

③在日常生活中经常有意地多问一些问题,如"为什么""是不是只能这样""还有没有更好的方法"等,养成强烈的问题意识。

(3)培养创新能力。

解放思想,克服思维定势,培养创新思维能力。创新思维是指人们在实践经验的基础上,通过一定的思考方式,产生独特新颖的认识成果的心理活动,是大脑对内外信息进行加工改造,发现新关系,形成新组合的活动过程,是人类真实地认识和把握世界的基本方式。中职生要学习唯物辩证法,用唯物辩证的观点去思维;要培养怀疑批判精神,科学的进步、思维的创新,一刻也离不开怀疑批判精神;要克服胆怯心理,培养冒险意识;要有意识地经常训练自己的创新思维。

（4）提高创新素质。

积极参加课外科技活动,提高科技创新素质和能力。如积极组织或参与各种创新竞赛、各种学科类竞赛、各种形式的中职生科技论文报告会、科技制作报告会等;积极参加学术科技型社团或科技兴趣小组进行科技实践;积极申报学校课外科技活动基金立项,进行创业活动等;积极参加教师的教学辅助工作、科研工作等。

当今世界,科学技术日新月异,知识经济已见端倪,综合国力竞争日益激烈。综合国力竞争归根到底是人才的竞争,科学技术的飞速发展和现代化社会的全面进步,使人们对现代人才的需求有了新的认识。中职生只有坚持知识、素质、能力的统一,才能面向现代化,面向世界,面向未来,成为德、智、体全面发展的社会主义建设者和接班人。

第十一章　职业生涯与就业教育

第一节　职业生涯教育

一、职业生涯规划的重要性

职业生涯规划是针对个人职业选择的主观和客观因素进行分析和测定,确定个人的奋斗目标并努力实现这一目标的过程。换句话说,职业生涯规划要求根据自身的兴趣、特点,将自己定位在一个最能发挥自己长处的位置,选择最适合自己能力的事业。职业定位是决定职业生涯成败的最关键的一步,同时也是职业生涯规划的起点。

在社会未迈入工业化以前,职业的种类较少,工作内涵也较为简单,通常的职业都是父母传授给子女,或由学徒直接向师傅学习,因此并不会产生择业的种种问题。自产业革命之后,工业科技日渐发达,机器日新月异,而生产过程也日渐复杂,产品的种类及生产量也大量增加。因此,工作世界里的行业种类与职业,更趋复杂与专业。例如,目前美国职业分类大典已列有三万多种职业。如此众多的职业数目及复杂的职业内涵,年轻人凭自己很难洞悉各种职业的内容及分类,而父母、亲友们也很难具有专业化的知识来协助子女选择适当的职业。因此,辅导年轻人择业的责任,就由家庭转移到学校及社会就业辅导机构。对年轻人而言,职业选择是否适当,将影响其将来事业的成败以及一生的幸福;对社会而言,个人择业是否适当,能决定社会人力供需是否平衡。如果每个人都适才适所,那么,不仅每个人都有发展的前途,而且社会亦会欣欣向荣。由于职业选择对个人及社会都有极重大的关系,因此,政府及教育单位对于青年人未来职业生涯的认识、规划、准备和发展应极为重视,实施生涯教育。

个体职业生涯规划并不是一个单纯的概念,它和个体所处的家庭、组织及社会存在密切的关系。随着个体价值观、家庭环境、工作环境和社会环境的变化,每个人的职业期望都有或大或小的变化,因此它又是一个动态变化的过程。对于个体来说,职业生涯规划的好坏必将影响整个生命历程。我们常常提到的成功与失败,不过是所设定目标的实现与否,目标是决定成败的关键。个体的人生目标是多样的:生活质量目标、职业发展目标,对外界影响力目标、人际环境等社会目标……目标体系中的各因子之间相互交织影响,而职业发展目标在整个目标体系中居于中心位置,这个目标的实现与否,直接引起成就与挫折、愉快与不愉快的不同感受,影响生命的质量。

通过对职业学校学生进行求职准备情况的调查研究,以及对刚工作不久的毕业生进行回访调查,发现学生在求职准备方面呈现出几个明显倾向:

第一,在职业能力的自我评估上,许多学生存在高估或低估的倾向,呈现出明显偏差;

第二,在职业信息的了解上,学生们过于关注职业是否符合自身需要,却忽略了职业要求与自身素质的匹配程度;

第三,在职业准备的投入上,大多数学生比较被动。

因此,每个学生是否有完整的职业生涯规划非常重要,但职业生涯设计的目的绝不只是协助个人按照自己资历条件找一份工作,达到和实现个人目标;更重要的是帮助个人真正了解自己,为自己订下事业大计,筹划未来,拟订一生的方向,进一步详细估量内、外环境的优势和限制,在"衡外情,量己力"的情形下设计出各自合理且可行的职业生涯发展方向。

职业规划有两个主要目的:第一个目的是找到适合自己的工作,找工作最重要的就是要人岗匹配,适合自己。每个工作都有长处和短处,每个人都有优势和劣势。分析、定位是职业生涯规划的首要环节,它决定着个人职业生涯的方向,也决定着职业生涯规划的成败。求职之前先要进行职业生涯规划,进行自我定位。先要弄清自己想要干什么,能干什么,自己的兴趣、才能、学识适合干什么,可以通过可靠的量表工具进行测量,评估职业倾向、能力倾向和职业价值观,这是职业生涯规划的基础。职业规划就是根据测评结果的各项指标,以及自身的学历、经历、能力,了解一个人的内在、外在优势,并且把这些优势整合在一起,作为职场上打拼的核心竞争力。然后,由咨询师根据南北市场行业的多个职位,进行分析,找到人岗匹配的匹配点,也叫职位切入点。

第二个目的是为了通过规划掌握职业发展,制定出今后各个阶段的发展平台,并且拿出攻占各个平台的计划和措施,然后由咨询师对切入点所在的市场状况、行业前景、职位要求、入行条件、培训考证、工作业务、薪酬提升、行业英语等运作进行详细的指导,如进入每个阶段需要多长时间、补充哪些知识、增加哪些人脉等,而自己则沿着主干道去"充电",几年后成为业内的精英,从而使自己的薪水和职位得到提升。

二、如何做好职业生涯规划

做好职业生涯规划应该分析三个方面的情况:

1．自己适合从事哪些职业

研究自己适合从事哪些职业，是职业生涯规划的关键和基础。回答这个问题，要考虑以下各方面的因素：

（1）个人所处的职业发展阶段。人生有四个职业发展阶段，分别如下：

①探索阶段：15 岁～24 岁；

②确立阶段：25 岁～44 岁，这一阶段是大多数人工作周期中的核心部分。这一阶段包括了三个子阶段：尝试子阶段（25 岁～30 岁）、稳定子阶段（30 岁～40 岁）及职业中期危机阶段（在 30 多岁和 40 多岁之间的某个时段上）；

③维持阶段：45 岁～65 岁；

④下降阶段：66 岁以上。

处在不同职业发展阶段的人，应考虑不同的事情。例如，在探索阶段，可以多做尝试、探索，在工作中摸索出个人的职业倾向、职业锚、职业兴趣等，逐步找到最适合自己的职业。而 40 岁以上的人，就不应该做过多的尝试，而是应该认真分析清楚本人的职业锚、职业倾向，选择本人有优势的职业做长远的打算。这里的年龄阶段划分还应该针对不同的职业加以区分，例如：在中国，作为职业足球运动员，30 岁已经该退休了；而作为教授，30 岁差不多是最年轻的。

目前，在校职业学生处在第一阶段——探索阶段。

（2）个人的职业倾向。约翰·霍兰德的研究发现，不同的人有不同的人格特征，不同的人格特征适合从事不同的职业，约翰·霍兰德划分了六种职业倾向（类型）：①实践倾向；②研究倾向；③社会倾向；④常规倾向；⑤企业倾向；⑥艺术倾向。

每一种职业倾向适合于特定的若干职业。通过一系列测试，可以确定一个人的职业倾向。职业者如果确定了自己的职业倾向，就可以从对应的若干职业中选择。

（3）个人的技能，即我们的自身本领，比如专业、爱好、特长等。

（4）个人的职业锚。职业锚是进行职业生涯规划时另一个必须考虑的要素。当一个人不得不做出职业选择的时候，他无论如何都不会放弃的那种职业中至关重要的东西或价值观就是职业锚。职业锚是人们选择和发展职业时所围绕的中心。每一个人都有自己的职业锚，影响一个人职业锚的因素有：①天资和能力；②工作动机和需要；③人生态度和价值观。

天资是遗传基因在起作用，而其他各项因素虽然受先天因素的影响，但更加受后天努力和环境的影响，所以，职业锚是会变化的。这一点，有别于职业倾向。

例如，某个人攻读了医学博士，并且从事外科医生工作已经 20 年了，尽管他的职业倾向可能并不适合做外科医生，但是他在确定自己的职业时，基本上不会

考虑改为其他职业,这是因为他的职业锚在起作用。埃德加·施恩在研究职业锚时将职业锚划分为如下类型:

①技术型:这类人往往出于自身个性与爱好,并不愿意从事管理工作,而是愿意在自己所处的专业技术领域发展。在我国过去不培养专业经理的时候,经常将技术拔尖的科技人员提拔到领导岗位,但他们本人往往并不喜欢这个工作,更希望能继续研究自己的专业。

②管理型:这类人有强烈的愿望去做管理人员,同时经验也告诉他们自己有能力达到高层领导职位,因此,他们要成为高层管理人员需要具备的能力包括三方面。第一,分析能力:在信息不充分或情况不确定时,判断、分析、解决问题的能力;第二,人际能力:影响、监督、领导、应对与控制各级人员的能力;第三,情绪控制力:在面对危急事件时,不沮丧、不气馁,并且有能力承担重大的责任,而不被其压垮。

③创造型:这类人需要建立完全属于自己的东西,或是以自己名字命名的产品或工艺,或是自己的公司,或是能反映个人成就的私人财产。他们认为只有这些实实在在的事物才能体现自己的才干。

④自由独立型:有些人更喜欢独来独往,不愿像在大公司里那样彼此依赖,很多有这种职业定位的人同时也有相当高的技术型职业定位。但是他们不同于那些简单技术型定位的人,他们并不愿意在组织群体中发展,而是宁愿做一名咨询人员,或是自主创业,或是与他人合伙创业。其他自由独立型的人往往会成为自由撰稿人。

⑤安全型:这些人最关心的是职业的长期稳定性与安全性,他们为了安定的工作、可观的收入、优越的福利与养老制度等付出努力。目前我国绝大多数的人都选择这种职业定位,很多情况下,这是由于社会发展水平决定的,而并不完全是本人的意愿。相信随着社会的进步,人们将不再被迫选择这种类型。

正如许多分类一样,以上的分类也无好坏之分,之所以将其提出是为了帮助大家更好地认识自己,并据此重新思考自己的职业生涯,设定切实可行的目标。

值得注意的是,伴随着现代科技与社会的进步,大学生要随时注意修订职业目标,尽量使自己的职业选择与社会需求相适应,一定要跟上时代发展的脚步,适应社会需求,才不致被淘汰出局。

(5)个人的职业兴趣。在做职业生涯规划时,还要考虑本人的职业兴趣,例如:喜欢旅行(适合于经常出差的职业),喜欢温暖湿润的气候(适合在南方工作);喜欢自己做出决定(应该自己做老板);喜欢住在中等城市;不想为大公司工作;喜欢穿休闲服装上班,等等。

另外,本人具有的职业技能也不能忽略,如果某人具有某项突出的技能,而这项技能可以为其带来收入,做职业生涯规划时就应当将其作为一个重要因素加以考虑。

2．所在公司能否提供这样的岗位及职业通路

除了研究你适合从事哪些职业之外,还要考虑你所在的公司可能给你提供哪些岗位,从中选择那些适合你的岗位。如果公司没有适合你从事的岗位,或者说,你所在的公司不可能提供适合你的工作岗位,就应该考虑换工作了。作为公司的管理者,有责任指导员工做职业生涯规划,并且给出员工适合的职业通路。这样,企业才能人尽其才,员工才能尽其所能为公司效力。

面对发展迅速的信息社会,仅仅制定一个长远的规划显得不太实际,因而,有必要根据自身实际及社会发展趋势,把理想目标分解成若干可操作的小目标,灵活规划自我。一般说来,以 5 ～ 10 年的时间为一规划段落为宜。这样就会很容易跟随时代需要,灵活易变地调整自我,太长或太短的规划都不利于自身成长。具体可有两种方式:一是根据自己的年龄或年份划分目标,如 25 ～ 30 岁职业规划、2000~2010 年职业规划;二是以职业通路中的职位、职务阶段性变化为划分标准,制定不同时期的努力方向,如 5 年之内向部门经理职位冲刺,10 年内成为主管经理。

3．在适合从事的职业中,哪些是社会发展迫切需要的

做职业生涯规划时,还要把目光投向未来。研究清楚个人从事的工作,十年后会怎么样?自己的职业在未来社会需要中,是增加还是减少?自己在未来社会中的竞争优势,随着年龄的增加是不断加强还是逐渐削弱?在自己适合从事的职业中,哪些是社会发展迫切需要的?等等。

第一步,进行社会分析:社会在进步、在变革,作为即将步入社会的中职学生们,应该善于把握社会发展脉搏。这就需要做第二步——社会大环境的分析:当前社会、政治、经济发展趋势;社会热点职业门类分布及需求状况;所学专业在社会上的需求形势;自己所选择职业在目前与未来社会中的地位;社会发展对自身发展的影响;自己所选择的单位在未来行业发展中的变化情况,在本行业中的地位、市场占有及发展趋势等;对这些社会发展大趋势问题的认识,有助于自我把握职业社会需求,使自己的职业选择紧跟时代脚步。同时,个人处于社会庞杂环境中,不可避免地要与各种人打交道,因而第三步——分析人际关系状况显得尤为必要。人际关系分析应着眼于:个人职业发展过程中将与哪些人交往;其中哪些人将对自身发展起重要作用;工作中将会遇到什么样的上下级、同事及竞争者,对自己会有什么影响,如何提高人际交往能力,等等。

在综合考虑上述三个方面的因素后,就能够给自己做职业生涯规划了。

（1）职业生涯设计的具体方法。

第一个问题"我是谁"，应该对自己进行一次深刻的反思，有一个比较清醒的认识，优点和缺点都应该一一列出来。

第二个问题"我想干什么"，这是对自己职业发展心理趋向的检查。每个人在不同阶段的兴趣和目标并不完全一致，有时甚至是完全对立的。但随着年龄和经历的增长而逐渐固定，并最终锁定自己的终身理想。

第三个问题"我能干什么"，这是对自己能力与潜力的全面总结，一个人职业的定位最根本的还要归结于个人的能力，而个人职业发展空间的大小则取决于个人的潜力。对于一个人潜力的了解应该从几个方面着手去认识，如对事的兴趣、做事的韧力、临事的判断力及知识结构的全面、及时更新等。

第四个问题"环境支持或允许我干什么"，这种环境支持在客观方面包括本地的各种状态，比如经济发展、人事政策、企业制度、职业空间等；人为主观方面包括同事关系、领导态度、亲戚关系等，两方面的因素应该综合起来看。有时我们在职业选择时常常忽视主观方面的东西，没有将一切有利于自己发展的因素调动起来，从而影响了自己的职业切入点。

第五个问题"自己最终的职业目标是什么"，明晰了前面四个问题，就会从各个问题中找到对实现有关职业目标有利和不利的条件，列出不利条件最少的、自己想做而且又能够做的职业目标，自然对自己最终的职业目标就有了一个清楚明了的框架。最后，将自我职业生涯计划列出来，建立个人发展计划书档案，通过系统的学习、培训，实现就业理想目标：选择什么单位，预测自我在单位内的职务提升步骤，个人如何从低到高逐级而上。例如从技术员做起，在此基础上努力熟悉业务领域、提高能力，最终达到技术工程师的理想生涯目标；预测工作范围的变化情况，不同工作对自己的要求及应对措施；预测可能出现的竞争，如何相处与应对，分析自我提高的可靠途径；如果发展过程中出现偏差，工作不适应或被解聘，如何改变职业方向等。

（2）根据个人需要和现实变化，不断调整职业发展目标与计划。

职场上常说，计划赶不上变化。对于自己碰到的问题和环境，需要及时调整。根据职业方向选择一个对自己有利的职业和得以实现自我价值的单位，是每个大学生的良好愿望，也是实现自我的基础，但这一步的迈出要相当慎重。就人生第一个职业而言，它往往不仅是一份单纯的工作，更重要的是它会使你初步了解职业、认知社会，一定意义上它是你的职业启蒙老师。

（3）落实规划。

制定好一系列的职业发展规划后，如何将其最终落实是每个规划制定者所必须考虑并面对的问题。做一个好的计划若没有实施上的细则，就无法保证计划顺利进行。应对职场纷繁信息和变动选择的成功法则就是必须建立有效的信息整理,分析和筛选系统,再结合自身竞争力合理规划职业生涯。这样才能在职业发展过程中凭借良好的职场敏感度到达职业成功的彼岸。

下面简述十个基本原则仅供参考:

(1)清晰性原则:考虑目标措施是否清晰明确?实现目标的步骤是否直截了当?

(2)变动性原则:目标或措施是否有弹性或缓冲性?是否能依据环境的变化而调整?

(3)一致性原则:主要目标与分目标是否一致?个人目标与组织发展目标是否一致?

(4)挑战性原则:目标与措施是否具有挑战性,还是仅保持其原来状况而已?

(5)激励性原则:目标是否符合自己的性格、兴趣和特长?是否能对自己产生内在激励作用?

(6)合作性原则:个人的目标与他人的目标是否具有合作性与协调性?

(7)全程原则:拟定生涯规划时必须考虑到生涯发展的整个历程,做全程的考虑。

(8)具体原则:生涯规划各阶段的路线划分与安排,必须具体可行。

(9)实际原则:实现生涯目标的途径很多,在做规划时必须要考虑到自己的特质、社会环境、组织环境以及其他相关的因素,选择确定可行的途径。

(10)可评量原则:规划的设计应有明确的时间限制或标准,方便评量、检查,使自己随时掌握执行状况,并为规划提供参考的依据。

三、职业生涯规划的支点

在对自己进行职业生涯规划时,先要确立一个支点,这个支点就是:我为什么工作。

1.职业生涯规划有三个层次的支点:生存支点、发展支点和兴趣支点

如果立足生存支点来规划职业生涯,会把薪酬作为主要导向。以生存支点做职业生涯规划的人,总是在想明天能不能找到薪酬更高的工作,一有获取高薪的机会就会跳槽,而常常忽略自身成长;如果遇上职业瓶颈,薪酬没了增长空间,而技能又没学到多少,身价便会每况愈下。在如今这个知识更新越来越快的时代,在为现在的高薪得意时,更要想想如何保持高薪。所以,如果一直以生存为支点来做职业规划,是一种只重现在不看将来的短视行为,不会感到工作的快乐,也不会获得事业上的成就感。

如果立足发展支点来规划职业生涯,会以自身的进步作为导向。即使所从事的职业并不特别喜欢,薪酬也并不特别高,也会努力做好。对个人来说,从中获取的经验和技能最为重要。这些收获让你增值,帮助你实现未来事业上的成功。除了有物质上的收获外,还有精神上的收获,如荣誉、地位等,最终成为职场上的抢手货。不过,这种职业修炼过程需要不断挑战自己的极限,鞭策自己向前迈进,可能会承受工作压力的考验。

如果是立足兴趣支点来规划职业生涯,会以快乐作为导向,并不一定在乎眼前的薪酬多少,也不在乎将来能获得什么地位与荣誉。以快乐为导向能找到喜欢的职业,能享受工作的过程,会对工作投入极大热情,忘却疲倦,甚至感到生命变得灿烂多彩。

不过,现在职场竞争激烈,你有兴趣的工作常常别人也感兴趣,要知道自己的优势和劣势,采取合适的策略去获取。

2．结合内外部因素确定支点

职业规划既要考虑外部因素,诸如就业环境、家庭状况、自身发展情况等,又要考虑内部因素,诸如能力、专业知识、爱好、性格等。

根据外部因素来确定一个合适的支点。如果知识、经验及能力储备丰厚,可以以发展支点或快乐支点来规划自己的职业生涯,在职场选择有潜力的职业或感兴趣的职业。如果初出茅庐,经济拮据,不妨以生存支点来规划自己的职业生涯,从一些简单的职业做起,不要好高骛远,等待在职场修炼到某种程度后,再重新规划职业生涯。

根据内部因素来确定一个合适的职业。选错职业会影响成功概率,美国专家曾做过统计,内向型的人从事销售职业,成功的概率低,且要比外向型的人付出更多的代价。可通过专业的人才测评,实现对自身特质的系统了解。

在做职业规划时,还要根据自己的职场修炼程度适时改变职业规划支点。当解决了温饱问题后,就要将原来的生存支点转移到发展支点上来,重新调整自己的职业规划。即使目前的工作能获取高薪,但知识及技术含量不高,没有什么发展空间,也不应多留恋。或者以兴趣支点来重新规划,找一份原来梦寐以求的工作,也许薪酬并不一定比原来高,但只要足以维持体面的生活即可,这是职业的最高层次。这时,工作就成为生活中的一种享受。

在这个人才、行业、知识快速更新的时代,只有根据实际情况快速转移职业规划的支点,才能立于不败之地。

除了上述单一支点以外,在做职业规划时也可以采用多支点策略,如将生存支点与发展支点结合考虑,或者将发展支点与兴趣支点结合考虑等。支点复合越多,职业规划的难度也就越大。

一般说来,职业规划应该先从单一支点起步,随着知识、技能、经验等的积累,再逐步采用复合支点。职业规划应该一直伴随着职业生涯的发展。即使是在一个你认为值得终身从事的职业上,也存在是继续努力还是满足现状的选择。

人生的目标在于追求生活的快乐。快乐地工作是我们的追求,而这种快乐并非贫穷的快乐,而是建立在无衣食之忧的基础之上的。比尔•盖茨还在工作,工作对他们而言并不是为了生存,而是一种快乐,这是职业生涯规划的终极目标。

四、职业生涯规划基本步骤

每个人都渴望成功,但并非都能如愿。了解自己、有坚定的奋斗目标,并按照情况的变化及时调整自己的计划,才有可能实现成功的愿望。这就需要进行职业生涯的自我规划。职业生涯规划的步骤如下:

1. 自我评估

自我评估包括对自己的兴趣、特长、性格的了解,也包括对自己的学识、技能、智商、情商的测试,以及对自己思维方式、思维方法、道德水准的评价等。自我评估的目的,是认识自己、了解自己,从而对自己所适合的职业和职业生涯目标做出合理的抉择。

2. 职业生涯机会的评估

职业生涯机会的评估,主要是评估周边各种环境因素对自己职业生涯发展的影响。在制定个人职业生涯规划时,要充分了解所处环境的特点、掌握职业环境的发展变化情况、明确自己在这个环境中的地位以及环境对自己提出的要求和创造的条件等。只有对环境因素充分了解和把握,才能做到在复杂的环境中避害趋利,使个人职业生涯规划具有实际意义。环境因素评估主要包括:组织环境、政治环境、社会环境、经济环境。

3. 确定职业发展目标

俗话说:"志不立,天下无可成之事。"立志是人生的起跑点,反映一个人的理想、胸怀、情趣和价值观。在准确地对自己和环境做出了评估之后,我们可以确定适合自己、有实现可能的职业发展目标。在确定职业发展的目标时要注意自己性格、兴趣、特长与选定职业的比配,更重要的是考察自己所处的内外环境与职业目标是否相适应,不能妄自菲薄,也不能好高骛远。合理、可行的职业生涯目标的确立决定了职业发展中的行为和结果,也是制定职业生涯规划的关键。

4. 选择职业生涯发展路线

在职业目标确定后,要向哪一路线发展,要做出选择。由于发展路线不同,对职业发展的要求也不同。因此,在职业生涯规划中,必须对发展路线做出抉择,以便及时调整自己的学习、工作以及各种行动措施沿着预定的方向前进。

5.制定职业生涯行动计划与措施

在确定了职业生涯的终极目标并选定职业发展的路线后,行动便成了关键的环节。这里所指的行动,是指落实目标的具体措施,主要包括工作、培训、教育、轮岗等方面的措施。对应行动计划可将职业目标进行分解,即分解为短期目标、中期目标和长期目标,其中短期目标可分为日目标、周目标、月目标、年目标;中期目标一般为三至五年;长期目标为五至十年。分解后的目标有利于跟踪检查,同时可以根据环境变化制定和调整短期行动计划,并针对具体计划目标采取有效措施。职业生涯中的措施主要指为达成既定目标,在提高工作效率、学习知识、掌握技能、开发潜能等方面选用的方法。行动计划要对应相应的措施,要层层分解、具体落实,细致的计划与措施便于进行定时检查和及时调整。

6.评估与回馈

影响职业生涯规划的因素有很多,有的变化因素可以预测,而有的变化因素难以预测。在此状态下,要使职业生涯规划行之有效,就必须不断地对职业生涯规划执行情况进行评估。首先,要对年度目标的执行情况进行总结,确定哪些目标已按计划完成,哪些目标未完成。其次,对未完成目标进行分析,找出未完成原因及发展障碍,制定相应解决障碍的对策及方法。最后,依据评估结果对下年的计划进行修订与完善。如果有必要,也可考虑对职业目标和路线进行修正,但一定要谨慎。

7.职业锚测评

职业锚测评结合中国实际情况等多层次意愿进行分析,得出最后职业生涯规划结论。

(1)技术或职能。"我拿到了博士学位,已经有了一定的学术地位。管理是很累的事情,千万别让我管事,我只想做化工专家。"有类似想法的人,就属于此类。

(2)管理才干。"我喜欢做决策、不怕冒风险。我不怕得罪人。我希望最终做到总经理岗位。"有类似想法的人,就属于此类。

(3)创造力。"我不能让我的创造力消耗在企业的日常琐事中,我要一个广阔的用武之地。"有类似想法的人,就属于此类。很多创业者也属于此类。

(4)独立自主。"被人指手画脚,却还得装孙子是我最不能忍受的事。所以我现在是自由职业者,为企业提供人力资源方面的咨询工作。"有类似想法的人,就属于此类。很多创业者也属于此类。

(5)保障。"我需要稳定的工作让我承担起养家糊口的责任,同时从事业余爱好。所以我选择在政府机构工作。"有类似想法的人,就属于此类。

（6）服务或献身某项事业。"帮助别人的事业（扶贫、环保）最有意义。"有类似想法的人。就属于此类。

（7）单纯的挑战自我。"我因为厌倦而频繁更换工作。"有类似想法的人，就属于此类。

（8）生活质量。"我不愿为职业发展牺牲生活质量。"有类似想法的人，就属于此类。这种人是人群中的另类，他们会放下工作几个月甚至一两年，然后去从事自己的爱好。

五、职业生涯规划注意问题

1．心态问题

有的人会说我已经沿着错误的方向走了很久，工作很多年了，即使发现自己走错了，现在回头也迟了，既然这样，我还有做职业规划的必要吗？

在职业生涯发展的道路上，重要的不是你现在所处的位置，而是你迈出下一步的方向。

结论：只要开始，永远不晚。

2．经验问题

这是很多已经开始尝试为自己做职业规划的学生当中经常要碰到的问题，虽然已经知道了怎样做规划，但具体到如何做就不知道该怎么做了。感到困惑的是如何选择最理想的职业方向、如何权衡理想和现实的问题、具体职业问题如何处理等。

其实经验是一个自我探索、自我分析和自我尝试的过程。这里提倡的经验是要去做了才会有的，要学会不断地尝试。当然这种尝试要在可预见和可控制的范围内想办法自己解决，或者寻求人生阅历和职场经验丰富的朋友的帮助，让他们来帮你分析。实在没有把握，再找专业人士咨询。

结论：可预见和可控制的范围内勇于试错。

3．切入问题——不知道如何进入希望的行业和公司

要解决这样的问题，最主要的是在平时就要做个有心人。做事不单要有目的性，还要有计划性。也就是说平时就要做足功课，职业发展不是像一条直线一样，而是曲折向前的。在实现目标之前，有时要有策略，知道以退为进。

在有了一个相对具体的职业发展目标之后，我们要做的是对整个行业做宏观分析，分析市场前景、国家对行业支持的力度及对行业现状、自身条件、切入时间和时机的把握。找准行业后，就要开始研究哪些企业是自己的目标企业，做好分级管理工作。针对最理想的企业要做好公司背景调查、企业文化是否和自己的价值观相匹配，产品、经营状况、行业内口碑、薪资福利状况、团队领导的风格

等,做到有针对性。具体办法可以通过各种途径收集信息,比如猎头顾问、公司内部员工、同行评价等。

4．环境问题——周围的人希望我做这份工作

也有学生碰到这样的情况,说目前的职业不是自己选择的,是父母选择的,因为这个工作父母做了很长时间,也希望孩子去做。也有人是从贫困地区来大城市工作的,通过努力在各方面都做到很高的位置,但他们同时觉得目前的工作不适合自己,担心换职业会让父母和家人没有面子,心里很矛盾,所以一直没有换。

这其实就提到一个问题:是你自己想要,还是别人想让你要。这就好比穿鞋子,外表好看的鞋子不一定合脚,合脚的鞋子不一定好看。但穿鞋的人是你自己,舒服与否跟你自己的感觉有关,别人最多也就评价一下。

第二节　就业教育

一、就业途径

对于刚入学的中职生来说,虽然就业还不是马上面临的问题,但目前各职校对中职生的就业是实施全过程的教育,从一进校开始就开展就业教育工作,不同阶段实施不同形式的教育活动,也就是所谓的"全程化"教育,让中职生更早、更多地了解就业工作相关知识。目前,了解就业信息的渠道主要有以下几个方面。

1．学校的主管部门

各学校的毕业生就业办公室或就业指导中心,是学校专门负责毕业生就业工作的常设机构。在长期的工作交往中,他们与其上级主管部门、中央有关部委和各省市的毕业生就业主管部门、各级就业指导机构以及用人单位有着密切的联系,对于国家有关就业政策规定、地方的有关政策、各地举办"双选"活动的信息、有关用人单位简介材料及需求信息等,一般都能及时掌握。同时,许多学校也非常注重通过"走出去"和"请进来"的形式主动收集就业信息,并及时发布给毕业生。他们所提供的就业信息数量既大又全,真实性和可靠性也强。因此,无论是数量还是质量,都具有明显的优势,是毕业生获取就业信息的主要渠道。

2．各级政府主管部门和就业指导机构

为了适应毕业生就业制度改革的需要,县级以上各级政府多数都成立了毕业生就业指导机构,许多行业的主管部门也设有专门机构,负责人才的引进和毕业生的推荐工作。这些机构的主要职责,就是制订所辖区域的毕业生就业政策、交流毕业生和用人单位的供求信息,为毕业生提供各种信息交流、就业咨询、人

事代理等服务。他们提供的就业信息广,可靠性强。因此,这也是获取就业信息的重要渠道。

3．各级、各类"双向选择""供需见面"会

各地方、学校或用人单位举办的规模不等、形式多样的"双向选择""供需见面"活动或招聘会,尤其是以学校为主体举办的招聘活动,往往具有时间集中、信息量大、专业对口、针对性强、双方了解更直接的特点,是毕业生了解信息、成功择业的难得的机会。许多用人单位和毕业生甚至可以当场拍板,签订协议,比较简捷有效。但这类信息的时效性较强,且影响因素比较多。有些外地的或者临时有特殊困难的毕业生无法参加此类活动。

4．社会上的就业指导服务机构

目前,随着毕业生就业制度改革、国家人事分配制度改革以及国有企业改革的不断深入,社会上也出现了许多人才中介机构,如人力资源开发中心、猎头公司、再就业指导服务中心等,他们一方面为在职人员的人才流动服务,同时也为毕业生进行服务,他们也有许多毕业生所需要的就业信息,也可以成为毕业生获取信息的渠道之一。但由于管理体制、企业运作机制、服务对象等方面的原因,毕业生对待这类信息要非常慎重。

5．社会关系

许多家长或亲友在多年的工作与社会交往中,与社会方方面面有着广泛的联系,由于家长、亲友与毕业生的特殊亲情关系,在帮助毕业生了解就业信息或推荐就业时会积极主动、不遗余力,毕业生可以借助他们的力量获取就业信息。同时,师长和校友也是毕业生获取就业信息的重要渠道。由于他们对相关专业的单位比较熟悉或在相关专业的单位工作,对毕业生的了解也会更多,他们提供的信息往往更具准确性,通过他们的推荐往往可信度更强,成功率也较高,但许多毕业生恰恰容易忽视这一途径。值得一提的是,毕业生朋友们可充分利用这一途径获取就业信息,但不能完全依赖他们而失去自我。

6．社会实践活动

毕业生的参观、实习、毕业设计等社会实践活动是毕业生和用人单位相互了解的一个绝好的机会。在这种社会实践过程中,毕业生不仅能使自己所学的知识直接应用于生产,为社会服务,开阔视野;而且,通过这种社会实践活动,毕业生了解了用人单位,用人单位也了解了毕业生。因此,毕业生在参加此类社会实践活动时,既要想方设法借此机会了解该单位的用人信息,更应该力求做到与就业挂钩。同时注意在实习中兢兢业业,最大限度地发挥自己的才能。如果你的毕业设计为用人单位解决了技术难题,那么你同时也就获得了择业成功的机遇。此种获取就业信息的方法,专业对口,相互间了解较深,但毕业生对此的重视程

度特别不够。

7．新闻媒体

广播、电视、报刊、杂志、计算机网络等新闻媒体也是高校毕业生获得就业信息的渠道之一。广播、电视等媒体上经常会介绍各地的人才市场举办情况、各种就业主管机构制订的政策、法规等就业信息；报纸、杂志等媒体上经常会介绍一些企事业单位的详细情况及其需求信息等，有些甚至开辟了毕业生就业专栏；许多专业报刊和杂志如《择业大市场》《大江南人才》等还会介绍许多求职择业的方法技巧以及相关的法规及注意事项等；现在最热门的新闻媒体，当首推计算机网络了。目前绝大多数与毕业生就业工作密切相关的部门和单位都在其网站上建立了毕业生就业专栏，及时发布有关毕业生就业方面的信息。但由于计算机网络的信息点多、涉及面广等原因，因此，建议广大毕业生朋友们充分利用好新的获取信息的工具，但对其投入的时间和精力要合理安排，对其准确性、可信度等要有一定的思想准备。

8．通过"自荐"获取就业信息

毕业生可以在国家就业方针和政策的指导下，在学校允许择业的范围内，通过信函、电话、登门拜访等"自荐"的方式与用人单位联系，有目的、有计划地获取自己想要的就业信息。但此种获取就业信息的方法带有很大的盲目性和投机性，且需要花费的时间、精力甚至经济成本都比较大，因而命中率比较低。

对于每一位毕业生来说，以上介绍的 8 种获取就业信息的渠道，不可能只用一种，许多情况下是相互结合、相互补充的。具体使用哪种渠道，因需要获取的信息种类、个人的喜好以及个人具体条件而定，不能一概而定。

二、就业要求

学生完成学业走向社会，要接受用人单位的选择。通常，用人单位在招聘中职生时主要选择综合素质好的毕业生。在挑选毕业生时，用人单位主要考查学生以下几个方面：

1．学习成绩优良，专业知识扎实

一般来说，用人单位总是按照本单位所需要的专业人才为基础来择优录取。因此，在校学生应该学好自己本专业的知识，同时为了拓宽自己的知识面，要注重学习相关方面的知识。我们经常会遇到这样的例子，一些成绩优良、专业知识扎实、动手能力强的毕业生往往在招聘时会有多家用人单位同时抛来橄榄枝，而一些学习成绩差的毕业生甚至连自荐材料都送不出去，形成了强烈的反差。中职生的主要任务是学习，在校期间学好知识，打好基础是终身受益的。

2．较高的思想道德品质

用人单位选择毕业生的基本原则之一是"德"。从一般意义上来说,要求毕业生必须坚持四项基本原则,有一定的马列主义、毛泽东思想、邓小平理论和"三个代表"重要思想理论修养,具体体现在实际工作中就是要求具有强烈的事业心和责任感,具有高度的主人翁意识,具有吃苦耐劳奉献精神,具有较强的团队合作精神。那些精神恍惚,意志消沉,不愿与单位同甘苦、共生存的毕业生,则肯定不会受用人单位的欢迎。

3．优秀的综合素质

用人单位在招聘、挑选人才时,一般要以下3个方面考察对方:

（1）组织管理能力。现代社会有分工,但更强调合作,越来越需要发挥团队的力量,要求毕业生善于与他人合作共事,能处理好人与人之间的关系,既能领导别人,又能被别人领导。很多企业喜欢在校期间担任过学生干部的毕业生是有一定道理的。

（2）知识面的宽窄。现代社会科学技术的发展日新月异,社会化大生产程度不断提高,对劳动者的要求也越来越高,不但要具备扎实的专业知识,而且要求知识内容新、综合程度高、技能强、实用性好,能适应不同岗位的需要。这几年,一些单位很注意查阅毕业生在校期间参加过何种课程的选修,取得了何种技能证书等,这都是值得我们在校的中职生思考的问题。

（3）身心素质的培养。中职生充满活力,是一个单位发展的希望。具有强壮的体魄、健康的心理、饱满的精神的中职生一定会得到用人单位的欢迎。"积极锻炼身体,为祖国健康工作五十年",这对我们在校中职生的要求已经十分明确了。

三、就业准备

1．信息准备

（1）获取就业信息的渠道。

获取就业信息的渠道主要有:通过学校就业主管部门获得信息;通过其他毕业生就业指导机构获得信息;通过社会各级人才市场获得信息;通过各种类型的"人才交流会""供需见面会"获得信息;通过报刊、杂志、广播、电视获取社会需求信息;通过计算机网络获得信息;通过社会实践（或实习）获得信息;通过社会关系网获得就业信息。

（2）需要收集的信息。

就业信息。了解相关的就业法律、法规;了解就业体制;清楚地方的用人政策;熟知学校的有关规定;明确就业程序等。

供求信息。了解职业的分类与结构,以及该职业发展的趋势;了解当年毕业生总的供求形势;清楚用人单位的信息等。

(3)学会选择适合自己的就业信息。

对就业信息的分析。对于收集到的就业信息,应结合自己的实际情况,做到正确选择、善于利用、迅速反馈。

结合自身特点选择适合自己的就业信息。从是否适合自己的专业特点、兴趣爱好、性格和气质特征几方面入手来判断就业信息。

分析就业信息时的注意事项。注意招聘时效;避开虚假招聘;防止误入一些公司只需试用期"廉价"劳动力的圈套等。

2.材料准备

(1)求职材料的内容。求职材料一般包括以下几个部分:封面、求职信、个人简历、推荐表、在校期间学习成绩、获奖证书复印件、其他材料。

(2)求职信的书写方法。

求职信的内容要点:说明写信缘由,表达求职愿望,提供个人背景资料(重点是与所求职业有关的),提供推荐人(2～3个),结尾要明确表示求职者希望获得面谈的机会或某项工作的强烈愿望,同时写清楚自己的详细通信地址、邮编以及电话号码,以便对方随时和你联系。

求职信的表达方法:要站在对方的立场上说话,不要过分渲染自我,避免简写引起歧义,在求职信中的称呼要恰当。

求职信的格式:

求职信

(正文)

尊敬的×××:

第一部分:写明求职者要申请的职位和求职者是如何得知该职位的招聘信息的。

例如:获知贵公司＿＿＿年＿＿＿月＿＿＿日在＿＿＿＿报上招聘＿＿＿＿的信息后,我寄上简历,敬请斟酌。

第二部分:必须推销求职者的价值,说明并简明阐述求职者如何满足公司的要求。陈述求职者所特有的、并能据之为公司做出贡献的教育、技能、资质和成就(成果),如果可能的话,量化这些成就。

例如:我作为一个＿＿＿＿已有＿＿＿＿年社会实践经历。

第三部分:发动将来的行动,请求安排面试,并标明与自己联系的最佳方式。

例如:我希望我是该职位的有力竞争者,并希望能尽快收到面试通知。

第四部分:结束这封信并表示感谢。

（结尾）

×××

×年×月×日

求职信范例：

求职信

尊敬的领导：

您好！

很高兴参加贵公司的人才招聘。我作为汽车专业即将毕业的中职生，确信想在贵公司寻求份工作。同时也希望公司领导仔细阅读我所附上的履历。在此表示感谢。

作为一名汽车专业的学生，我充满了对中国民族汽车工业的热爱，扎扎实实地学好了专业基础课并且成绩优异。无论是专业的课程设计还是贴近实践的工厂实习，我的考核成绩都是优良，在校期间曾获得2届"优秀团干部""优秀寝室长""军训标兵"等荣誉称号，还是校学生会成员，使自身的素质得到了很大的提高，锻炼了自身的管理与处世的本领。在业余时间，我还搜集了大量有关汽车方面的资料，拓展了视野、丰富了专业知识。

三年充实的学校生活，无论学业，技能，还是品德修养方面，我都严格要求自己。学习方面，取得了良好成绩，更重要的是我学会了如何学习，如何生活，如何做人。

真诚、热情是我的为人态度；踏实，严谨是我的工作态度；进取、奉献是我的人生信条。请给我一个机会，不管工作多么艰辛，只要组织需要，我定会和同仁一道开拓进取。您得到的不只是一份简单的承诺，而是用智慧和青春写成的答卷！

成绩代表着过去，除了在技术方面还需补充以外，尤其是在实践上更应加紧学习。虽然在校开设有实践课，但这肯定不够，而且也与实际有一定距离。所以，我很想参加工作，锻炼自己实际动手能力，把理论和实际结合起来，加深认识和理解，以便于将来更好地应用。

希望贵公司对我的材料多加考虑。盼望得到您的回音。谢谢！

求职人：×××

××年×月×日

（3）个人简历的写作方法。

简历的内容：个人资料、学历、实践活动、技能与特长、奖励和荣誉、兴趣爱好、专长与成就、推荐人、求职照片。

简历写作的基本要求：有的放矢，根据阅读者创作简历；保证简历真实；突出工作经历和特长；确保不要出现任何拼写、语法、标点或者打印错误；中学情况不要写太多；措辞达意，得体合适。

写作简历的注意事项：真实、全面、简练、重点突出、语言准确、评价客观、版面美观、选用标准纸张。

毕业生简历范本

◆ 个人资料

  姓　　名：　　　　　　政治面貌：

  性　　别：　　　　　　学　　历：

  年　　龄：　　　　　　系　　别：

  身　　高：　　　　　　专　　业：

  民　　族：　　　　　　健康状况：

  籍　　贯：

◆ 知识结构

  主　修　课：

  专业课程：

  选　修　课：

  实　　习：

◆ 专业技能

  受到良好的专业训练和能力的培养，有扎实的理论基础和实践经验。

◆ 计算机水平

  熟悉 DOS、Windows 操作系统，Office 和互联网的基本操作。

◆ 主要社会工作

  _____年担任班体育委员。

  _____年担任班长。

  _____年参与 ×× 公司的市场调查活动，对现代化高质量的优秀企业在目标市场的选择与市场潜力的调查及研究有了基本的认识。

  _____年参加学生实践团，赴 ×× 考察、体验生活。此后还在校内组织参与了图片展览及为山区希望小学募捐的活动。

 ◆ 个人简历

  _____年_____学习。

_____年_____工作。

◆ 兴趣与特长

喜爱文体活动、热爱自然科学。

喜爱足球运动,曾担任中学校队队长,并率队参加多次比赛。曾获学校足球联赛"最佳射手"称号。

◆ 个人荣誉

_____年获学院二等奖学金。

_____学年获学院一等奖学金。

_____学年被评为学院优秀学生干部。

◆ 主要优点

有较强的组织能力、活动策划能力和公关能力,在校期间曾多次领导组织大型体育赛事、文艺演出,并取得良好效果。

有较强的团队精神,在同学中有良好的人际关系;在同学中有较高的威信;善于协同"作战"。

◆ 自我评价

活泼开朗、乐观向上、兴趣广泛、适应力强、勤奋好学、脚踏实地、认真负责、坚韧不拔、吃苦耐劳、勇于迎接新挑战。

◆ 求职意向

可胜任应用××××及相关领域的生产、管理工作。也可以从事贸易、营销及活动策划等工作。

四、面谈面试的技巧

案例

一个中职女毕业生,在新商场招工面试的前一天,特意去高级美容院烫了一个时髦的发型,还化了妆。经过打扮后,她充满自信地前去参加面试。因为她看到商店里的营业员个个打扮得都很漂亮,人们也认为营业员是商店的"窗口",每天接待成百上千的顾客,应该讲究仪表美。尽管这位女学生在校的成绩能力都不错,可结果还是被淘汰了,而几个条件远不如她的同学反被录用了,这令她想不通。

事后她才了解到,问题就出在这新烫的时髦发型上。面试的主考官是区商业局长,他不录用这位女生的理由很简单:"她打扮得不像个学生,让人看着不舒服。"主考官是以学生的要求去看待应聘者。而求职者想效仿营业员的形象去取悦对方,结果弄巧成拙。对于这位应聘者来说,机会的丧失就是因为打扮不得体。

面谈面试大多是与用人单位的第一次正式接触,若能给用人单位良好的第一印象,也许是你择业成功的关键起点,那么,面试技巧和注意事项有哪些呢?面试时必须注意面谈面试的礼仪礼节,大致可从以下几个方面反映出来。

1．服装仪表

做好面试前的形象准备,总的要求要穿着大方,整洁朴素,体现学生气息,选择的服装能够适应所应聘的职业岗位的职业要求,能巧妙地掩盖个性的弱点,起到平衡与协调作用,建议注意以下几点:

(1)不要买西装,虽然能表现出绅士风度,但新衣也易使人产生拘谨与紧张感。

(2)室内不要戴手套。

(3)女生不要穿超短裙,袒胸衣,从淡化妆,勿戴项链、耳环、手镯等装饰品。

(4)男生头发干净自然,勿留长发,更勿染发,胡子干净,修剪好鼻毛。

2．礼貌礼节

(1)掌握面试礼仪全攻略,轻敲门,勿摆头,转身关门,勿看人家的资料。

(2)主动打招呼,适时地进行面试自我介绍。

(3)记住主考官的姓名。

(4)结束时要致谢。

(5)勿随便打断对方的谈话,勿看表(给人有催促不耐烦的感觉),勿接打手机。

(6)对用人单位适度称赞,但要自然。

3．要讲信誉

守信用,遵守时间,准时赴约,可略微提前到场,以调节心理状态,如有意外迟到,切勿推诿,要诚实解释,略带幽默,并致歉意。

4．身体姿势

挺直腰板,不要靠着椅背,跷起二郎腿,尤其是沙发不要坐得太深。

5．目光视线

一般可集中于主考官的额或眼下面,显得较自然,若集中于对方的眼,则显得有一种逼人感;勿东张西望、左顾右盼,否则显得太随便;勿躲闪对方的眼光,否则易使对方察觉出你的怯弱感。

6．聆听要求

一个优秀的谈话者,首先是优秀的聆听者,从认真的聆听中获取与分析信息,切勿抢答问题,更勿松散自己的注意力。

7．语言要求

在面谈面试过程中，由于用人单位面向的是缺少经验的学生，故一般不会苛求学生谈话的内容组织，因此内容可能是次要的，而表达的方式，可能是用人单位所感兴趣的，你要用普通话与主考官谈话，并要注意自己的谈话语调、语速，然后考虑自己的谈话条理性，以便谈吐自然。勿紧张，谈话中切勿有口头禅，更勿以自负的语气会谈。

8．注意情感

谈话过程中保持热情、冷静与平静，切勿失态，就某个问题与用人单位进行争论，可能是不太明智的，但你可保留你的观点。而谈话的过程也是情感交融的过程。

9．面谈面试中的随机应变

在面谈面试过程中，用人单位一般处于主动位置，尤其是面谈没有固定的模式，有时可能会随时发生你所料想不到的情况，这时就需要你善于随机应变，恰当处理意外情况，特别是面对主考官故意出的难题时，这就是所谓的情景面试技巧。现举例如下以供参考：

（1）比如在面谈中，你可能会出现紧张感，把事先准备组织的表述内容扰乱了，此时，你或许可以向主考官坦率地说对不起，说太紧张了，是否能暂停一下，一般主考官会给予谅解，此时你便可稳定情绪，重新组织你的表述内容。

（2）在面谈中也可能会碰到双方沉默、尴尬，这也可能是应试人故意设置的，看你能否沉得住气，此时你得善于寻找恰当的策略来应对，比如找一些主考官感兴趣的话题，以恰当的方式来继续会谈，或者顺着刚才的话题，继续发挥谈话。你同时也保持沉默，可能也是一种有效的策略。

（3）如果你讲错了话，切勿紧张失态，要保持镇定。若是小错，可以忽略不予计较，继续你的讲话；若是大错，则应当面纠正致歉。

（4）对主考官所提出的问题，你若不懂，切勿装懂卖弄，可以坦率承认，并可虚心请教，这样可显示出你诚实好学的品质。

10．面谈面试的有关注意事项

（1）最好勿请家人相陪，以免会给人以缺乏自信心和独立性的感觉。

（2）勿对自己的学校持指责态度，试想对培育自己的学校都不能热爱，如何去热爱新的岗位、新的工作。

（3）勿以社会关系来自大。

（4）切勿夸夸自谈。

（5）薪水福利问题不要多提，更不要作为谈话的主题，也不要有不切实际的过高要求,要知道首先要有付出,有业绩贡献,才会有你应得的合理利益。

(6)面谈面试结束后,切勿不了了之,坐着静待,否则也可能会失去你本应有的良机。你应在恰当的时间内,函电或电话查询,查询时,应首先自我介绍上次面试的情况,以免让对方不断询问你,打完电话,应让对方先挂电话。

(7)面谈面试结束后,要自我回顾,反省总结,即使面试不成功,也可虚心向对方询问自己有哪些欠缺,这种反馈信息,对以后的面谈面试将是很有收益的。